AMÉDÉE GOUËT

LA DETTE DE FAMILLE

GRANDEURS ET MISÈRES DU FOYER

Le malheur, loin de dégrader l'homme, l'élève s'il a du cœur.

SILVIO PELLICO

PARIS

E. DENTU, ÉDITEUR

Libraire de la Société des Gens de Lettres

PALAIS-ROYAL, 13 ET 17, GALERIE D'ORLÉANS.

1862

LA DETTE DE FAMILLE

A LA MÊME LIBRAIRIE

ET DU MÊME AUTEUR :

Les Aventures d'une Caravane parisienne égarée dans le Désert.—Un joli vol. avec vignette 2 fr.

A paraître :

LE PREMIER PAS.

SCÈNES DE L'ESPRIT PARISIEN.

LA CONQUÊTE D'UNE FEMME.

ÊTRE ET PARAÎTRE.

LA BOURGEOISE MARQUISE.

En préparation ·

HISTOIRE DES GUERRES DE FRANCE.

PARIS.—IMPRIMÉ CHEZ BONAVENTURE ET DUCESSOIS,
QUAI DES GRANDS-AUGUSTINS, 55.

AMÉDÉE GOUËT

LA DETTE DE FAMILLE

GRANDEURS ET MISÈRES DU FOYER

> Le malheur, loin de dégrader l'homme, l'élève s'il a du cœur.
>
> SILVIO PELLICO

PARIS
E. DENTU, ÉDITEUR
Libraire de la Société des Gens de Lettres
PALAIS-ROYAL, 13 ET 17, GALERIE D'ORLÉANS.

1862

I

Les Honneurs

On était au soir de la mi-carême et il faisait un temps de carnaval : ciel couvert, froid noir, lourd brouillard, neige tombant à flocons pressés, rien ne manquait au contraste des intempéries de cette époque de frimas et de folies.

Les rues de Rozay, jolie ville d'un de nos départements de l'Est, étaient désertes et sombres. C'est à peine si, au milieu de l'obscurité, se détachait, comme dans un tableau de Rembrandt, la silhouette d'une élégante maison, brillamment éclairée à l'intérieur.

Cette maison appartenait à M. Delaroche. La porte principale en était ouverte à deux battants. Un vestibule, jonché de tapis et bordé de candélabres, conduisait au pied d'un grand escalier, On montait à l'appartement du premier étage entre deux rangées d'arbustes exotiques dont la verdure, les fleurs et les doux parfums causaient, au sortir des tourbillons de neige qui emplissaient la rue, un vif sentiment de plaisir. C'était la transition de l'hiver au printemps.

L'illumination de la maison, aussi bien que cette parure de plantes, annonçait une fête nocturne. Disons tout de suite que le carnaval n'y était pas convié. C'était une simple fête d'hiver. Si nous ajoutons que M. Delaroche avait une jeune et charmante fille en âge d'être mariée, on en comprendra le motif.

Léonie,—ainsi se nommait cette jeune fille,—avait dix-neuf ans. Pendant que les domestiques mettaient la dernière main aux préparatifs de la soirée, elle s'occupait de sa toilette.

Renfermée avec sa femme de chambre dans

un charmant boudoir où tout était glaces, soie et dorure, elle causait, tout en procédant à cette importante opération.

—Il fait bien mauvais temps, Lise, disait-elle. Si M. Bruno allait ne pas venir!...

—Quelle idée! répondit Lise en riant. Est-ce que vous croyez que le mauvais temps lui fait peur? Ah bien, par exemple! M. Antoine n'est pas un muguet de la ville. Nous sommes du même pays, là-bas, dans les Vosges, et, quand il était petit, il n'avait pas son pareil pour courir au milieu des neiges de l'hiver.

—Tu connais sa sœur, sans doute?

—La petite Guillemette? Eh oui! et aussi le père Mathurin Bruno, la mère Madeleine, petit Claude et grand Pierre, toute la famille. Ce sont de braves gens. Le père Mathurin était à son aise autrefois; il avait une bonne ferme, où il poussait de l'or. Aussi a-t-il mis son fils Antoine dans une pension de la ville. Il en a fait un avocat. Le père Mathurin est sans doute bien fier aujourd'hui d'avoir pour fils un homme si savant et si distingué; car il est très-bien, M. Antoine : une belle taille, une belle figure. Et quand il plaide! Je suis allée l'entendre au tribunal. Tout le monde faisait silence. C'était bien beau. Je n'y ai rien compris.

Léonie écoutait attentivement.

—Il y avait là votre frère, M. Gustave, qui est son ami, continua Lise. Mais votre frère connaît toute la parenté, et, vous-même, vous avez été au village?

—Oui, trois fois.

—Vous avez dû voir l'oncle Nicolas, le maître d'école? un homme bien éloquent, à ce qu'il dit lui-même. Ah! c'est une bonne famille de campagne, bien élevée, pas méchante au monde. Ce n'est pas comme ici, à vrai dire. Votre père, M. Delaroche, un ancien colonel d'artillerie, retiré des coups de canon, c'est tout à fait comme il faut. Eux, ne sont que des paysans. Cependant, je crois que M. Antoine fera un bon mari et vous rendra heureuse.

Léonie se détourna du côté du miroir, lui confiant son trouble, qu'elle cachait à sa femme de chambre.

Sa toilette se trouvait à peu près terminée, et véritablement elle était ravissante de modestie et de bon goût; un peu sévère peut-être, mais on était en hiver, et, bien qu'il y eût plus d'une année que madame Delaroche était morte, le deuil intérieur de la jeune fille se reflétait encore sur ses vêtements.

Blonde avec des yeux bleus, petite, accorte, vive, fraîche et charmante, telle était Léonie. Des traits irréguliers, avec un ensemble plein de grâce, lui composaient une beauté rebelle aux lois académiques, et qui pourtant ne manquait pas d'harmonie. Elle avait la bouche fine, le sourire radieux, les yeux pensifs. On ne pouvait l'oublier une fois qu'on l'avait vue. Son joli visage et son air avenant restaient dans le souvenir.

Au moment où nous l'avons surprise, de graves préoccupations absorbaient sa pensée. M. Bruno était parmi les invités à la soirée. Peut-être pourrions-nous dire, sans nous éloigner beaucoup de la vérité, que cette soirée était donnée à son intention. M. Bruno était le prétendant officiel à la main de Léonie.

—Dépêchons-nous, dit la jeune fille, remise de son trouble. L'heure passe. Les invités vont arriver.

—Ah ! ne craignez rien, répondit Lise. Vous serez prête avant tout le monde. Les domestiques n'ont pas encore terminé au salon, j'en suis sûre.

—Et mon père, où est-il ?

—Il est avec M. Gustave, dans la bibliothèque.

—Arrange cette fleur dans mes cheveux. Trouves-tu que le noir m'aille bien ? Ma collerette est-elle jolie ? et mes boucles d'oreilles ?...

Pendant que Lise répond à ces questions et à d'autres, nous passerons dans la bibliothèque.

M. Delaroche et son fils Gustave s'y trouvaient en effet.

Le père de Léonie était un homme d'une soixantaine d'années. Il avait servi dans l'artillerie ; il en était sorti colonel. De haute stature, légèrement courbée, il avait l'attitude grave, la physionomie souffrante, les cheveux blancs et la barbe grise. Ses manières étaient des plus affables.

Gustave paraissait avoir de vingt-cinq à vingt-huit ans. Il était brun, de taille moyenne. Son visage coloré, souriant et spirituel, respirait une franchise sympathique. Gustave était avocat, mais avocat fermier, avocat chasseur, passant plus de journées dans les champs que d'heures au tribunal, plus occupé de chasser au gibier qu'aux procès.

M. Delaroche et son fils causaient en attendant

l'ouverture des salons, et, comme Léonie et Lise, ils causaient de M. Bruno.

—Je suis parfaitement de ton avis, disait l'ancien colonel. M. Bruno est un de ces hommes dont l'alliance honore. Je ne connais pas de cœur plus noble, ni d'intelligence plus élevée; et avec cela une bonté et une simplicité vraiment surprenantes. On dirait d'un de ces virils Romains du temps de Fabricius, tout à la fois laboureurs, juges ou généraux, quittant la charrue pour l'administration de la justice ou le commandement des armées. Sa science comme jurisconsulte, son éloquence, sa droiture, lui ont acquis une très-honorable réputation. On le vénère et on l'aime. Jeune, le voici déjà une des gloires de la magistrature. Et il ne s'arrêtera pas en si beau chemin, cela est à croire.

—Et à souhaiter, dit Gustave.

—Et à souhaiter, répéta M. Delaroche. Il est bien que de pareils hommes occupent les sommets. Ils sont les phares moraux des populations. Voilà un éloge qui, je l'espère, te satisfera. J'ajoute que Léonie ne paraît pas indifférente à ce mariage. Si elle n'aime pas dès à présent M. Bruno, elle éprouve du moins pour lui une sympathie respectueuse, une estime profonde, que le temps ne peut manquer de changer en un amour sérieux et durable. Mais....

—Oh! oh! cher père, interrompit Gustave, ce *mais* me fait l'effet d'une tache d'huile prête à gâter votre belle page d'éloges. Je le sentais arriver; pardonnez-moi de lui avoir barré le passage, et permettez-moi de vous le dire : l'éloge d'Antoine ne comporte pas de *mais* correctif, diminutif, adversatif. On pourrait passer sa vie au crible, on n'y trouverait pas une paille.... Je le connais depuis l'enfance; nous avons été élevés dans le même collége. Il est mon aîné, et néanmoins j'ai pu le suivre à l'École de droit et au tribunal. Partout il a marqué par des succès.

—Oui; il a d'ailleurs l'opiniâtreté du génie. N'ai-je pas eu l'occasion de le mettre à l'épreuve quand il était avocat? Je lui avais confié nos intérêts contre Fouquerot. Il s'agissait d'une fortune. Fouquerot détenait la plus belle part du patrimoine de notre famille; il prétendait que mon respectable père n'y avait pas droit. Nos titres étaient égarés. Bruno se mit à l'œuvre. Ce qu'il compulsa de papiers, ce qu'il fouilla d'études de notaires afin de retrouver ces titres est incroyable. C'était le sauvetage d'un galion perdu au fond de la mer. Grâce à une infatigable persévérance, il réussit; il nous rendit nos biens.

—Parfait! bravo!

—Et le cœur est chez lui à la hauteur de l'intelligence. Il n'est pas un habitant du département qui ne se souvienne de sa généreuse conduite envers le bûcheron Nicaise, accusé d'un crime capital et que toutes les circonstances condamnaient. Bruno, seul, défendait le malheureux. Convaincu de son innocence, il fit, pour le sauver, des sacrifices de temps et d'argent bien au-dessus de ses moyens. Il le sauva; il prouva l'erreur des renseignements; il fit passer sa conviction dans l'esprit des jurés, des juges, des auditeurs. Ce fut le triomphe de l'éloquence et de la charité, car après avoir obtenu l'acquittement, il intéressa les assistants en faveur du pauvre diable.

—A la bonne heure, cher père, dit Gustave; j'aime à vous entendre parler comme cela. Du reste, la conduite de Bruno est pleine de traits semblables.

—Il a mon estime et mon amitié, et l'on sait que je ne les prodigue pas, répliqua M. Delaroche. Aussi, quand tu m'as interrompu, mon observation portait sur les siens, non sur lui. Je le verrai volontiers devenir le mari de Léonie, mais il a une famille...

M. Delaroche s'interrompit, son front se plissa. Il paraissait hésiter à dire sa pensée.

—Nous irons ensemble à la ferme de Rize. Vous me l'avez promis, répondit Gustave, que les préventions de son père au sujet de la famille Bruno inquiétaient évidemment. Vous verrez que la gentille Guillemette est la digne sœur d'Antoine. Le père Mathurin Bruno est un vieux Philémon, la mère Madeleine une bonne vieille Baucis. Ils ne descendent pas du roi Dagobert, c'est vrai, mais ils descendent de Noé ; c'est de la noblesse de charrue.

—Que la famille soit honnête et convenable, je ne demande pas autre chose. Tu prétends aimer Guillemette...

—Je l'aime réellement, cher père. Guillemette est très-jolie. C'est la plus jolie fleur des Vosges : douce, alerte, vive, courageuse, spirituelle et gaie ; c'est une idylle animée.

—Oui, une Estelle à qui il manque un Némorin, répondit M. Delaroche en souriant. Allons, c'est bien, reprit-il d'un air satisfait. Si tu lui conviens comme elle paraît te convenir, nous aurons un double mariage, une fusion complète de nos deux familles, Mon grand-père était un fermier de la Beauce, mon père a quitté les sillons pour l'étude; il voulait faire de moi un savant, les événements en ont fait un soldat ; tu veux prendre femme aux champs? libre à toi ! c'est de là que nous sommes sortis. C'est là, dans le sang riche et pur produit par le grand air et les rudes labeurs, que les races des villes ont besoin de se retremper. Mais il faut, je le répète, que la famille s'alliant à la nôtre ne soit pas seulement saine au physique ; je demande que tous ses membres aient une conduite irréprochable devant la loi et la conscience. L'alliance établit un lien solidaire, et si on pardonne la rusticité, on ne pardonne pas...

Cette conversation fut interrompue par la voix des domestiques. L'heure de l'ouverture de la fête venait de sonner.

M. Delaroche et Gustave se rendirent au salon où ils furent bientôt rejoints par Léonie, rayonnante de beauté et rose d'émotion.

Le salon était éblouissant de lumières. Un mobilier splendide, tapissé de lampas ; des tableaux de maîtres suspendus aux murailles, des bronzes d'art sur la cheminée, les glaces, les tentures de soie, tout y annonçait la richesse et la distinction.

M. Delaroche et Gustave étaient en tenue de rigueur, habillés de noir et cravatés de blanc.

Les invités arrivèrent.

Un domestique en livrée, placé au seuil du salon, les annonçait à haute voix, suivant l'usage.

C'étaient les notabilités de l'endroit : des juges, des membres du barreau, des fonctionnaires civils, de riches industriels, des rentiers. Ils venaient accompagnés de leurs femmes et de leurs enfants.

La réunion fut bientôt nombreuse. Elle était très-brillante. Les hommes se mirent à causer avec M. Delaroche, les jeunes gens avec Gustave, les femmes et les jeunes filles entourèrent Léonie.

Cependant le principal invité ne se présentait pas. C'était la première fête donnée dans la ville depuis la promotion de M. Bruno à la présidence du tribunal. On savait qu'un lien d'amitié l'unissait à la famille Delaroche. On connaissait le projet de mariage destiné à resserrer ce lien. Chacun des assistants avait en outre préparé le compliment qu'il devait adresser au nouveau chef de la magistrature.

Tous les visages exprimaient l'inquiétude de l'attente ; les yeux se tournaient instinctivement du côté de la porte.

Enfin, le domestique annonça d'une voix haute et claire :

—Monsieur le président Bruno !

A ces mots, l'assemblée se leva comme un seul homme. De la porte à la place occupée par M. Delaroche, les invités se rangèrent sur deux lignes parallèles. Le plus profond silence s'établit.

M. Bruno entra.

Tous les fronts s'inclinèrent avec respect. Il salua d'un air cordial et alla serrer les mains de M. Delaroche et de Gustave, puis offrir ses hommages à Léonie, rougissante de confusion et de plaisir.

Après ces préliminaires, il fut entouré d'un cercle tumultueux et torturé de poignées de main. On se disputait l'honneur de lui étreindre les doigts en lui lançant au visage de bons gros compliments.

Antoine Bruno était un homme de trente-cinq ans, de haute taille, brun, vêtu de noir, à l'air doux et grave, confiant et affectueux. Il avait les traits purs et distingués. Sa bouche fine et rêveuse, ses yeux profonds, son front élevé, dénotaient le penseur, le travailleur intellectuel. Rien d'emprunté dans son maintien ; ses manières étaient dignes sans affectation, aisées sans familiarité. A le voir, on n'eût pas supposé qu'il avait passé la première partie de sa vie dans une ferme, occupé aux durs travaux de la terre. Le seul signe trahissant son origine était dans la largeur de ses épaules et la force de ses mains. De ce côté, on devinait le robuste enfant de la campagne, le descendant d'une race formée depuis longtemps aux fatigues du corps.

Si les hommes briguaient l'honneur de lui adresser des compliments, les femmes lui souriaient, les jeunes filles le contemplaient avec une admiration naïve. Il n'en était pas une peut-être qui n'enviât le sort de Léonie, épouse promise de ce haut personnage, accueilli avec tant de justes marques d'estime et de respect.

Quant à Léonie, elle paraissait heureuse. Le front voilé de rougeur, le regard étincelant, elle écoutait d'un air ému ce qui se disait ; elle considérait avec fierté la belle et imposante figure de celui dont elle devait partager la destinée.

Les présentations faites, sur un signe de M. Delaroche, la musique commença, et les quadrilles se formèrent. Jeunes gens et jeunes filles ne songèrent bientôt plus qu'à se divertir ; Gustave se faisait remarquer parmi les plus ardents.

—Ah! mon ami, pourquoi Guillemette n'est-elle pas ici? dit-il à Bruno. Pauvre enfant! comme elle s'amuserait!

—Je lui ferai part de vos regrets, mon cher Gustave, répondit le frère de Guillemette, et elle sera consolée.

Dans l'intervalle des contredanses, on causait, on se promenait. Gustave s'empara du bras d'Antoine.

—Fuyons ce vieillard, dit-il à son ami, en indiquant un homme âgé qui se glissait de leur côté. C'est M. Dragon, le directeur des douanes, répertoire vivant d'anecdotes de contrebandiers qui auraient fait pâlir Anne Radcliffe.

—Pardon, fit le directeur en arrêtant les deux amis. Pendant que vous dansez, messieurs, il se passe d'étranges événements dans nos montagnes des Vosges. Les contrebandiers...

—Nous y voilà! dit Gustave à demi-voix.

—Vous, monsieur le président, continua M. Dragon en s'adressant directement à Bruno, cela vous intéresse, et peut-être pourriez-vous nous venir en aide.

—Comment cela, monsieur ?

—J'ai reçu des avis au sujet de tentatives de contrebande formées par les paysans de plusieurs villages. Des douaniers ont été blessés.

—Cela est grave.

—L'audace des fraudeurs ne connaît plus de bornes, vous dis-je. Ces malheureux, dans leur grossier raisonnement, se figurent que frauder les droits du fisc est une chose légitime ; ils traitent en ennemis et tuent sans remords les agents préposés à la surveillance des frontières. Il faudrait des exemples.

—Vous avez raison, monsieur, répondit Bruno.

—Mais il me semble que ce sont là des questions trop sérieuses pour être élucidées pendant une nuit de bal, ajouta Gustave.

M. Dragon était un petit vieillard au regard fin et pointu comme une lame d'épée, aux traits énergiques, à la tournure moitié civile et moitié militaire. Sans prendre garde à l'observation du frère de Léonie, il considérait Bruno dans les yeux, et semblait vouloir lire au fond de sa pensée.

—Il faudrait des exemples, répéta-t-il, car le

mal se propage. Les méchants entraînent les bons ; ils détruisent dans le cœur des villageois les notions du juste et de l'injuste ; et bientôt, si cela continue, la garde des lignes douanières ne sera plus possible.

—Sans doute, répondit Bruno, étonné du coup d'œil étrangement scrutateur du vieillard.

—Il est dans nos campagnes un mal plus affreux peut-être que celui dont vous parlez, fit observer Gustave : c'est l'usure. L'usure, en ruinant le paysan, l'oblige à chercher des ressources n'importe où. Ce sont les usuriers qui font les contrebandiers.

Cette observation pouvait ne pas manquer de justesse : elle n'obtint cependant aucun signe d'approbation de la part de M. Dragon, dont toute l'attention était concentrée sur Bruno.

—Quel service attendez-vous de moi, monsieur ? demanda celui-ci, ayant peine à dissimuler la surprise que lui causait cet examen.

—Vous êtes né, m'a-t-on dit, dans les montagnes. Vous connaissez le caractère et les habitudes des paysans montagnards. J'ai pensé que vous pourriez agir sur leur esprit.

—Moi, monsieur ? fit Bruno de plus en plus

étonné. Mais vous ignorez sans doute que j'ai quitté le pays depuis vingt-cinq ans?

—Vous y avez cependant conservé des relations?

—Grâce au ciel, j'y ai conservé mon père et ma mère, mes frères et ma sœur, toute ma famille, répondit Bruno avec émotion.

—Eh bien, par eux, sinon directement, vous pourriez agir. Si les contrebandiers ne trouvaient pas d'asile ni de protection dans les fermes, ils auraient moins d'audace. La complicité des paysans fait leur force. D'après mes renseignements, cette complicité existe dans les villages de Morvan, de Fleurange, de Rize...

—De Rize? répéta Bruno en tressaillant.

Rize, on le sait, était le village habité par sa famille.

—Oui, fit M. Dragon d'un ton singulier. Rize se gâte, Rize m'est signalé comme un refuge de fraudeurs dangereux.

—Oh! oh! cela devient sérieux, dit Gustave. Voici Léonie qui nous cherche. La valse nous réclame. A demain les contrebandiers, monsieur, si vous le permettez.

A ces paroles, il salua le directeur et s'éloigna en essayant d'entraîner son ami.

—Monsieur, dit Bruno, je me tiendrai demain à votre disposition.

Et, saluant à son tour M. Dragon, il suivit Gustave.

—Cet homme a un regard inquisitorial d'une témérité surprenante, se disait-il. Que signifie cette confidence? Est-ce à moi qu'il devait s'adresser? Vraiment il m'a fait peur quand il a prononcé le nom de Rize. Je ne sais quel mauvais soupçon m'a mordu au cœur.

Bruno avait des frères, lesquels étaient attachés aux travaux de la ferme paternelle; il les aimait sincèrement; il avait en outre de nombreux parents dans le pays. M. Dragon avait-il fait allusion à quelqu'un des siens?

Il ne pouvait le croire, et néanmoins son front devint soucieux. Entré dans les salons, le cœur plein d'une joie contenue, le regard rayonnant d'une expression de bonheur dont il cherchait à modérer la vivacité sous un air grave, il tomba dans la rêverie; il eut des absences, des distractions, ne répondant pas, ou répondant de travers aux questions qui lui étaient adressées.

Léonie s'aperçut la première de ce changement, et son cœur se serra. Bruno était allé la retrouver.

—Vous souffrez, monsieur ? lui demanda-t-elle.

Bruno frémit imperceptiblement.

—Pardonnez-moi, répondit-il ; avant ce soir, j'ignorais que l'extrême bonheur peut en effet causer de grandes souffrances.

—Je ne vous comprends pas, dit la jeune fille en souriant. Moi, le bonheur me rend heureuse, voilà tout. Comment peut-il vous rendre malheureux ?

—Je suis dans la situation de l'avare possesseur d'un trésor. Je crains de le perdre.

Ce fut au tour de Léonie de tressaillir. Elle considéra Antoine avec étonnement, puis elle baissa les yeux.

—Je ne vois pas, dit-elle toute confuse, ce qui peut vous faire craindre...

Cette parole, doux aveu d'amour, eut pour effet de dissiper l'inquiétude de Bruno.

—Chère Léonie, répondit-il avec chaleur, je ne crains plus rien. Merci ! vous m'avez rendu la force et la confiance.

Léonie accueillit cette réponse avec un sourire de joie.

On se remit à danser.

Après le bal, M. Delaroche invita ses hôtes à

passer dans une salle où se trouvait dressé un splendide couvert.

—Eh bien, dit Gustave en venant rejoindre Antoine, avez-vous échappé au Dragon ? Ce vieillard n'a-t-il pas le nom de sa figure et la figure de son nom ?

Bruno, en levant les yeux, aperçut M. Dragon placé devant lui et qui le considérait d'un air d'intérêt et de compassion. Il n'y comprenait rien.

La soirée, ou plutôt la nuit se termina par la représentation d'une pièce de théâtre, dont les emplois avaient été confiés à de jeunes comédiens et comédiennes du monde, désireux de s'exercer dans des rôles d'emprunt.

La fête avait été magnifique ; les invités semblaient ravis. Elle était donnée en l'honneur de Bruno. Quoique cela ne fût pas dit, chacun le pensait. C'était la fête des fiançailles du président et de mademoiselle Delaroche.

Avant le départ, les assistants entourèrent de nouveau l'heureux fiancé, et lui servirent une répétition de leurs compliments et de leurs poignées de main.

Quand Bruno rentra chez lui, l'aube éclairait les sommets des Vosges.

Il jeta un long regard sur ces montagnes, où s'était écoulée son enfance, où vivaient ses plus doux souvenirs, où il voyait par la pensée ses humbles et bons parents se lever pour vaquer aux travaux de la ferme.

Cette contemplation lui fit oublier M. Dragon.

II

Les Pierrots des montagnes.

Cette même nuit de la mi-carême, on eût été surpris de rencontrer, loin de toute habitation, au milieu des Vosges, à trois ou quatre cents mètre au-dessus du niveau ordinaire des bals masqués, deux bizarres figures revêtues du pâle costume de Pierrot.

D'où venaient ces Pierrots voyageurs? S'étaient-ils égarés à la recherche de quelque Colombine des montagnes, ou poursuivaient-ils clandestinement une entreprise illicite et périlleuse?

Ils marchaient tantôt de front, tantôt à la suite l'un de l'autre, avec des précautions infinies. Pas un mot ne s'échappait de leurs lèvres; ils semblaient retenir avec effort le souffle de leurs poitrines. Quand, par hasard, un fragment de roc, détaché sous leurs pieds, roulait avec bruit sur la pente des coteaux, ils s'arrêtaient en frissonnant.

Les sentiers les plus perdus, les plus difficiles, étaient ceux où ils s'aventuraient de préférence. S'accrochant des mains aux saillies des rochers, ils se traînaient sur le bord des précipices : un faux mouvement ou la violence du vent pouvait à chaque instant les jeter dans l'abîme.

Ils avançaient lentement, péniblement, en silence, d'un pas de funambule. La blancheur de leurs travestissements de carnaval se confondait avec celle de la neige, si bien qu'il eût été impossible de les apercevoir à la distance de vingt pas, dans la brume de l'atmosphère.

Que craignaient-ils? car leur démarche, leurs regards inquiets, leurs fréquentes stations l'oreille aux écoutes, tout en eux décelait la crainte.

L'un, le plus âgé, était armé d'un fusil, en guise de batte ; il le portait en bandoulière. Outre ce fusil, il avait sur l'épaule un volumineux sac de toile blanche. Son jeune compagnon était également chargé d'un sac de toile. Tous les deux s'aidaient pour marcher d'un bâton ferré, au moyen duquel ils sondaient la neige avant d'y poser le pied.

—Ah ! je n'en puis plus ! murmura le plus jeune en tombant assis sur le chemin.

—Allons, Claude, un peu de courage ! Songe qu'il s'agit de racheter le vieux père.

—C'est mal, ce que nous faisons là, répondit Claude.

—Bon ! nous n'avons pas le choix ; on se tire de peine comme on le peut. Ce n'est pas quand un homme se noie qu'il doit craindre de tacher ses vêtements...

—Pourquoi ne pas avoir consulté Antoine?

—Antoine est un monsieur, répliqua Pierre. Notre père a tout dépensé pour lui, pour ses études,—pour nous, rien. Je ne lui en fais pas de reproche, au pauvre cher homme. C'est sa joie, aujourd'hui, d'avoir un fils qui parle comme un livre, qui porte des habits de drap fin, et qui est juge dans un tribunal avec une belle robe noire. Mais ça coûte gros, la science. Il y a dépensé le plus clair de ses étables et de sa ferme ; il a fait des emprunts et n'a plus une croûte à se mettre sous la dent. C'est à nous de le nourrir, lui, la vieille mère et Guillemette. La terre n'y suffisant pas, il a fallu voir ailleurs. Chut...

Pierre s'interrompit et porta vivement la main sur son fusil, l'œil au guet, l'oreille tendue. Le vent s'était élevé. La neige tombait en larges flocons qui rayaient l'atmosphère obscure. On entendait au loin le cri des bêtes fauves éveillées par la tempête.

—Nous avons pourtant traversé la ligne des douaniers, reprit Pierre comme en se parlant à lui-même. Nous aurait-on vendus?

Pendant quelques moments encore il garda l'attitude du chasseur à l'affût, immobile comme le rocher de glace qui lui servait de piédestal; puis il poursuivit à voix basse, en se penchant vers son jeune frère :

—Consulter Antoine, petit Claude? autant vaudrait consulter le tic-tac du moulin. Antoine n'est qu'un beau parleur. Vois s'il s'occupe du vieux père autrement qu'en paroles. Ce n'est pourtant pas avec des paroles qu'on trempe la soupe. Il doit être riche, il peut tout, puisqu'il commande aux gendarmes. Eh bien! je lui ai demandé de nous établir dans le château de Grand-Pré, ce qui aurait fait plaisir à la famille. Il m'a répondu qu'il n'avait pas assez de fortune pour cela, et que d'ailleurs le château n'était ni à louer ni à vendre. Un château du gouvernement qui n'est point occupé ! Était-ce là de bonnes raisons de la part d'un homme qui commande aux gendarmes? La mère lui a demandé une dot pour Guillemette ; le cousin Gaillard, qui est épicier, une place de chef de bureau au ministère du commerce, c'était naturel, un commerçant ; l'oncle Nicolas, notre maître d'école, un emploi d'inspecteur de l'université, c'était encore bien naturel ; la tante Gertrude, un bonnet d'évêque pour son fils le vicaire, c'était la justice ; moi qui aime la chasse, je voulais qu'il me fît nommer garde général des forêts. Mais il nous a tous rabroués. En ce qui me concerne, il m'a répondu qu'il fallait avoir servi comme soldat avant d'obtenir des épaulettes. Voyez la belle défaite ! C'était me dire : « Tu n'as pas été garde champêtre, tu ne seras point garde général. » Et pourtant je suis son frère ! Si c'était un bon frère, est-ce que nous en serions réduits à manger le pain de la contrebande ! Le vieux père en a fait un savant, ça lui a coûté les yeux de la tête, et voilà notre récompense ! Heureusement que si nous étions pincés par les habits verts, il ne nous laisserait pas mettre en prison, peut-être, lui qui a les gendarmes dans la manche de sa robe noire. Ses frères en prison, c'est ça qui serait gentil, par exemple !

Antoine, Pierre, Claude et Guillemette étaient les enfants de Mathurin Bruno, un brave paysan des montagnes des Vosges, fermier et fromager de son état. Antoine, l'aîné, employé d'abord aux travaux de la ferme, avait montré de bonne heure une intelligence vive, soutenue d'un bon naturel. L'oncle Nicolas, le maître d'école du village, lui avait appris à lire. Émerveillé de son esprit et de ses progrès, le père Mathurin, l'élevant un jour dans ses bras avec fierté, comme avait fait Henri d'Albret du futur roi Henri IV, s'était écrié :

—Nous fabriquerons un cent de fromages et nos poules pondront un millier d'œufs de plus par saison, mais tu seras un savant !

Il l'avait placé dans une école de la ville ; et Antoine, doué de facultés vraiment remarquables, était en effet devenu un savant. Porté vers l'étude des lois, il avait promptement acquis une place honorable au barreau, puis il était entré dans la magistrature.

Mais ça coûte gros la science, comme disait

Pierre. Le père Mathurin n'avait pu faire les mêmes sacrifices pour ses autres enfants. Longtemps il avait répondu aux membres de la famille qui l'accusaient de partialité dans la distribution de ses biens :

—C'est bon, c'est bon ! Antoine nous revaudra ça ; il nous aidera à élever ses frères, et il nous tendra la main à tous.

Antoine avait réalisé ces promesses en partie, c'est-à-dire qu'il avait fait passer à sa famille plus d'argent qu'il ne lui en avait coûté. Mais cela ne suffisait pas. Cousin, oncle, tante, frère, mère, il n'était pas un parent, pas un ami, pas une connaissance qui ne se crût en droit de réclamer du fils Bruno devenu juge, et auquel on attribuait tout pouvoir, soit une fonction gouvernementale, soit un service non moins impossible à obtenir. Hauts emplois, dignités, fortune, les braves gens s'imaginaient qu'il n'y avait pour lui qu'à prendre et à donner. Quand Antoine essayait de leur démontrer l'extravagance des prétentions dont ils l'étourdissaient, ils se fâchaient et l'accusaient de mauvais vouloir.

Le père Mathurin seul ne demandait rien. Avoir un fils magistrat, cela lui suffisait ; il était heureux. Antoine était son orgeuil, sa gloire.

—Je mourrais content sur la paille en pensant à mon fils Antoine, répétait-il le visage rayonnant de fierté.

Comme Horace, il avait élevé son monument.

Cependant, les années n'avaient pas toujours été productives, et la maladie avait visité la ferme.

Pierre, pendant une maladie de Mathurin, avait pris la direction des affaires. Trop fier pour consulter Antoine, incapable d'ailleurs de toute gestion, il avait sérieusement compromis les intérêts de la famille. Cachant ensuite au vieillard les dangers de la situation, il avait entraîné son jeune frère dans la voie coupable où nous les trouvons engagés.

Quelques heures auparavant, tous deux, retirés dans une cabane au delà des frontières, causaient, en vidant un pot de bière, sur les chances de leur expédition. A ce moment, le temps était sombre ; ils attendaient la nuit. La nuit était venue, mais avec la nuit la neige, qui en tombant avait blanchi les chemins. Or, il s'agissait pour eux de traverser sans être vus les lignes des douaniers. Pierre avait imaginé de revêtir un costume dont la couleur ne tranchât pas sur la neige. On était en carnaval. Le costume de Pierrot remplissait le but et devait en outre éloigner les soupçons, du moins ils le pensaient; aussi, l'avaient-ils adopté.

Claude, accablé de lassitude, épuisé d'émotions, s'était affaissé sur lui-même; il n'avait pas répondu aux paroles de Pierre. La neige tombait toujours et le recouvrait comme d'un linceul.

—Holà! eh! petit Claude! dit Pierre avec terreur en le secouant rudement, on ne dort pas ici; le sommeil, c'est la mort!

En même temps il prit une gourde suspendue à son côté, et lui fit avaler, bon gré, mal gré, quelques gorgées d'eau-de-vie.

Claude ne remua pas.

C'était un pauvre enfant de dix-sept ans, au doux visage de jeune fille. Sa blonde chevelure s'échappait en boucles soyeuses de dessous le grotesque chapeau pointu, zébré de rubans, qui lui couvrait la tête.

Claude avait une extrême aménité de caractère et un cœur excellent; il chérissait son grand frère Antoine, il l'admirait avec une joie naïve. Antoine l'aimait également beaucoup; sa jeunesse et la sympathie qu'il inspirait avaient fait de Claude le Benjamin de ses parents.

Pierre, de douze ans plus âgé que lui, et non moins robuste de corps qu'énergique de volonté, avait l'esprit aigri et les formes brutales. Quoique au fond très-dévoué, il se montrait jaloux d'Antoine, dont la supériorité l'écrasait, et qui ne satisfaisait pas, au gré de son attente, aux folles exigences de la parenté.

Mais, en ce moment, Pierre tremblait de peur. Il prit Claude dans ses bras, lui appliqua sa bouche sur les lèvres, et s'efforça de ranimer le jeu des poumons du malheureux enfant qui, saisi par le froid, menaçait de s'éteindre.

—Claude ! Claude ! répétait-il éperdu, la sueur au front et des larmes dans la voix ; cher petit, pense au vieux père, à la vieille mère, à Guillemette ; du courage ! Tu sais combien ils t'aiment ? Ils mourraient tous de chagrin ; et moi donc, petit Claude, crois-tu que je ne t'aime pas ? Ce n'est pas gentil de te laisser mourir comme ça. Non, ce n'est pas gentil.

Et il l'étreignait avec désespoir sur sa poitrine.

Tout à coup, un souffle embrasé, haletant, lui passa dans les cheveux. Il tourna la tête. Devant lui, sur une roche plus élevée que celle où il se trouvait, se dessinait en noir la forme d'un animal qui le regardait, la gueule béante et les yeux flamboyants.

Il frissonna.

L'obscurité ne lui permettait pas de reconnaître cet ennemi. Mais un aboiement furieux traversa l'air.

C'était un chien de douanier.

On était sur leurs traces. D'un geste plus prompt que l'éclair, Pierre saisit le chien par la peau du cou, le terrassa, et, le traînant vers un escarpement de la montagne, il le lança dans l'espace.

Mais au même instant deux coups de feu retentirent.

Pierre s'enfuit en emportant Claude dans ses bras. C'était, nous l'avons dit, un homme d'une grande vigueur. Habitué dès l'enfance à parcourir les Vosges, il avait le pied sûr du chamois. Il s'élança, avec une effrayante audace, au milieu des abîmes, bondissant de rocher en rocher, ou s'enfonçant brusquement dans des ravins perdus. A la lueur crépusculaire produite par l'éclat de la neige, on eût pu le voir paraître et disparaître. Il passait comme un spectre, comme une ombre, comme le démon de la montagne, emporté par l'ouragan.

Il courait sans regarder en arrière, car il se sentait poursuivi ; un second chien était en effet sur ses talons. Le limier ne lui laissait pas de relâche ; il le suivait en aboyant, sautant après lui, de monticule en monticule, par-dessus les fondrières. C'était une course folle, acharnée, implacable, une chasse fantastique, telle que les poëtes allemands en décrivent dans leurs légendes.

Trempé de sueur froide, Pierre allait toujours, mais à l'aventure ; ses genoux tremblaient sous lui, sa tête s'emplissait de vertige. Il fit un dernier bond et tomba épuisé.

Alors, il vit, à travers le trouble de sa pensée et de ses yeux, le chien se traîner de son côté, pantelant, exténué, râlant aussi. La farouche bête ne pouvait plus aboyer, des sons rauques sortaient de sa gorge. Elle se tapit devant lui, comme pour le tenir en arrêt.

Pierre n'avait pas quitté Claude ; il l'étreignait convulsivement sur sa poitrine ; il le sentait tressaillir. L'agitation de cette course éperdue commençait à ranimer le malheureux enfant. Il rouvrit les yeux, et regarda son frère, comme s'éveillant d'un rêve.

—Pierre, dit-il, nous avons oublié d'acheter

une robe pour Guillemette. Tiens! voici qu'elle vient au-devant de nous.

En même temps, il montrait un point noir dans l'espace. Pierre suivit des yeux la direction de son bras.

Une ombre apparaissait au sommet d'une roche.

—Rendez-vous! cria cette ombre.

Presque aussitôt un coup de feu partit; le chapeau dont Claude était coiffé fut emporté dans un ravin. Le chien se remit sur ses pattes en aboyant. L'ombre, ou, pour mieux dire, le garde accourut; il était au moment d'atteindre nos aventuriers. Prompt comme la pensée, Pierre se releva, puis, se traînant avec Claude jusqu'au bord d'une pente rapide, il s'y laissa glisser.

Horrible eût été la vue de ces malheureux roulant avec une rapidité vertigineuse sur la pente de la montagne, en entraînant tout ce qui se trouvait sur leur passage!

Au bas de la pente était un étang couvert de glace, ils y tombèrent. La glace fut défoncée sous le poids de l'avalanche, ils entrèrent dans l'eau ou plutôt dans la vase jusqu'à mi-corps.

Pierre était à bout de forces. Tant de fatigues,

tant d'émotions avaient brisé son énergie et rompu ses membres. A peine pouvait-il soutenir encore le pauvre Claude entre ses bras crispés. Il se sentait défaillir ; ses paupières se fermaint malgré lui ; il s'endormait pour ne plus s'éveiller....

Au dernier moment de cette lutte, entre la vie et la mort, Pierre crut apercevoir la lueur d'une lanterne arrivant de son côté.

C'était Guillemette, qui, ayant attendu toute la nuit ses deux frères, dans une inquiétude mortelle, s'était mise à leur recherche.

Un bûcheron, le bûcheron Nicaise, habitant du village, et qui se rendait à son travail, lui vint en aide pour le sauvetage de nos coureurs d'aventures.

On se trouvait heureusement à peu de distance de la ferme.

III

La famille d'Antoine.

A la suite de cette expédition, Pierre et Claude gardèrent le lit; ils avaient la fièvre. Guillemette les veilla, les soigna avec l'instinct de la femme et le dévouement d'une sœur.

Guillemette avait dix-huit ans; elle était l'aînée de Claude.

Tous les deux rayonnant de fraîcheur, blonds de cheveux, roses de visage, d'une taille égale, et les traits animés de la même expression de sympathie heureuse, ils se ressemblaient au point qu'on aurait pu prendre le portrait de l'un pour celui de l'autre.

C'était Guillemette qui tenait la maison. Vive

et gaie comme l'oiseau, adroite, laborieuse, elle entourait de soins le vieux père Mathurin et la vieille mère Madeleine, pendant que Pierre et Claude travaillaient aux champs ou allaient à la ville vendre les produits de la ferme.

La maison occupait le fond du village de Rize, situé dans une des plus agréables vallées des Vosges; les bâtiments de la ferme étaient adossés à la montagne.

Rien de charmant comme cette demeure pendant la saison d'été. Par malheur, le terrain n'offrait que des ressources insuffisantes; c'était un de ces sols ingrats qui dévorent le travailleur; le père Mathurin s'y était usé. Dans ces derniers temps, les récoltes avaient été d'un si faible rapport, que Pierre, gérant de la maison, s'était vu forcé de recourir aux emprunts, et l'on sait ce que coûte l'argent dans les campagnes. Le pauvre vieillard se trouvait menacé de poursuites. Il est vrai que Pierre le lui cachait avec soin, et qu'il était loin de s'en douter.

Cependant, étonné de ne pas voir paraître ses fils, Mathurin demanda où ils étaient. On lui répondit qu'ils étaient à la ville. Au bout de quelques jours, Pierre et Claude avaient recouvré leurs forces; ils purent reprendre leurs travaux.

—Eh bien! dit le père Bruno, tu as été à la ville, Pierre? As-tu entendu parler de mon fils Antoine?

—Toujours, père. On dit qu'il vous oublie.

—Ça n'est pas vrai! Antoine est un bon fils. Il a du cœur, et le cœur n'oublie point.

—Quand on est savant comme lui, on devient fier; et puis on a tant d'histoires dans la tête!

—Tu te trompes : la science élève la pensée et agrandit le sentiment, comme le dit l'oncle Nicolas. C'est la culture qui d'une rose sauvage fait une rose des jardins, comme il le dit encore. La rose n'en est pas plus fière pour ça, seulement elle donne plus de parfum.

—L'oncle Nicolas prêche pour son saint; il a pu vous dire ça, mais il n'est pas encore nommé inspecteur de l'université, pourtant.

—Tais-toi, Pierre! tu as l'esprit méchant; tu n'aimes point ton frère, tu en es jaloux. Ça n'est pas beau!

Pierre se tut. Le père Mathurin avait souvent à souffrir de semblables discussions. Son visage s'était voilé de tristesse.

C'était un vieillard de soixante-dix ans, de petite taille, mais carrément taillé, robuste et vert encore.

Il avait les cheveux blancs comme la neige, et il les portait longs et flottants, suivant la mode du pays. Un chapeau à larges bords légèrement relevés, un habit carré recouvrant une veste très-ample, des culottes courtes, des bas de laine, des guêtres montant à mi-jambes, et des sabots ou de gros souliers, lui formaient un costume simple et pittoresque. Quand il se promenait avec la vieille Madeleine, habillée à l'avenant d'une toilette dont la composition devait remonter aux temps mythologiques, c'étaient véritablement, suivant l'expression de Gustave Delaroche, Philémon et Baucis.

En hiver, les vénérables époux se tenaient assis aux deux coins de la cheminée ; une cheminée cyclopéenne, large et haute comme une alcôve, occupant le fond de la salle du rez-de-chaussée de l'habitation. Ainsi posés, ils semblaient les dieux protecteurs du foyer domestique.

La salle ouvrait sur la principale rue du village. Elle était très-grande. Les murs en étaient tapissés d'un nombre infini de gravures enluminées et de petits tableaux achetés dans les foires. C'était une sorte de musée historique, où l'on pouvait étudier les événements qui depuis une cinquantaine d'années ont excité la curiosité populaire. Au plafond, formé de poutres noires grossièrement équarries, était suspendue une intéressante collection de jambons et de quartiers de porc; l'utile au-dessus de l'agréable. Une huche, deux grands fauteuils en cuir bruni, quelques escabeaux, une table, un bahut, respectables débris d'un autre âge, composaient un ameublement en rapport avec la décoration primitive de la pièce et l'air rustique des maîtres de la maison.

Au moment où nous sommes arrivés, Madeleine était occupée à l'étable avec Guillemette et Claude. Pierre dans un coin de la salle préparait des claies pour mettre les fromages. Le père Mathurin, le chapeau sur la tête, paraissait attendre quelqu'un ou quelque chose.

Tout à coup il se leva et prit sa canne, une longue canne à pomme d'ivoire et à bout de cuivre, ornée d'un cordon de soie.

—Pierre, dit-il, je vais à la ville; il y a longtemps que je n'ai vu mon fils Antoine. Il ne nous écrit point; peut-être est-il malade?

—Mais c'est après-demain jour de tribunal, fit observer Pierre.

—Justement. Je le verrai sur son siége de juge; cela me fera plaisir.

Parler de son fils, aller à la ville, passer les journées au tribunal pour y contempler Antoine dans l'exercice de ses fonctions judiciaires; c'était la joie du vieillard.

Malheureusement, la ville était située à une assez grande distance; il fallait plus d'un jour pour y aller. En outre, le prix du trajet était considérable, pour la bourse d'un paysan surtout, et en ces temps de maigres récoltes, la bourse de la famille Bruno se trouvait déplorablement grevée.

Faire connaître les difficultés de la position sans effrayer son père, tel était le problème que Pierre cherchait en ce moment à résoudre.

Un incident vint le tirer d'embarras, mais en lui créant d'autres perplexités.

L'oncle Nicolas entra, suivi du cousin Gaillard.

Nicolas était le frère de Mathurin. C'était un vigoureux sexagénaire, chauve, bouffi, replet et vermillonné comme un Silène.

Il cumulait les fonctions de chantre avec l'emploi de maître d'école. Quintilien rustique, en bonnet de soie noire et en sabots, l'oncle Nicolas professait le culte de la grande éloquence.

—Dans quel temps vivons-nous? s'écria-t-il d'une voix tonnante : L'ennemi, j'entends l'ennemi de l'honneur de mon pays, est entré dans nos murailles, nom de nom! Que dira la France quand elle apprendra ce qui se passe sur ces rivages!

Bien qu'habitué à la grande éloquence du maître d'école, le père Mathurin s'arrêta, étonné. Pierre devint pâle.

—Qu'y a-t-il? demanda le vieillard.

L'oncle Nicolas allait commencer la seconde partie de sa harangue, quand le cousin Gaillard intervint.

C'était un brave épicier de cinquante ans, long et sec comme une chandelle de bois, homme positif par tempérament et par état.

—Il y a, compère, dit-il d'une voix de fausset, que des contrebandiers ont été vus et pourchassés dans nos montagnes.

Pierre trembla.

—On a trouvé le chapeau de l'un d'eux ; c'était un chapeau de carnaval.

Pierre trembla plus fort.

—Les brigands ont tiré sur les douaniers. Ils en ont tué une vingtaine.

Pierre laissa tomber un magnifique fromage qu'il tenait dans ses mains. Le père, l'oncle et le cousin tournèrent la tête.

—Pierre, es-tu malade? demanda Mathurin, surpris de sa pâleur.

—Ah bien ! ah bien! en voilà de l'ouvrage! fit le cousin Gaillard. Est-ce ainsi qu'on détruit la marchandise...

—Nom de nom! as-tu donc des mains de beurre, mon neveu, que tu laisses tomber le fromage? dit le maître d'école.

Mais à ce moment la porte de la salle s'ouvrit. Claude, Guillemette, Madeleine et la tante Gertrude entrèrent précipitamment, le geste animé, le visage épanoui de joie.

Gertrude était la sœur de Madeleine.

Au physique, elle représentait une petite vieille, vêtue de noir.

Au moral, la digne femme avait un fils vicaire et se montrait altière et ambitieuse.

—Une lettre d'Antoine! dirent Guillemette et Claude.

Le facteur rural les suivait : il apportait en effet une lettre qu'il remit au père Mathurin.

A la vue de l'écriture, le brave homme rayonna

de fierté. Sa taille se redressa. Les assistants l'entourèrent.

La lettre passa de mains en mains. Chacun voulut la contempler et la toucher, avant qu'on l'ouvrît. La vieille Madeleine pleurait de joie, Claude et Guillemette dansaient gaiement, en se tenant par la main. Tous les membres de la famille étaient dans une agitation folle, dans une impatience fébrile : ils semblaient piqués par la tarentule.

Des cris, des gestes, des apostrophes se croisaient dans l'air, emplissant la salle de confusion et de bruit.

Pierre, seul, demeurait dans un coin, muet et immobile, comme la statue de la Crainte.

—Je pense, dit le maître d'école, dominant le tumulte de sa voix de stentor, que mon neveu Antoine n'a pas oublié ma nomination aux fonctions d'inspecteur de l'université de France. Là, nom de nom! je rendrai de grands services à mon pays! Cette lettre contient sans doute la nouvelle....

—J'ai idée que cette lettre m'appelle à Paris, interrompit l'épicier Gaillard. Si le commerce est en souffrance, c'est qu'il manque au ministère un bon chef de bureau. Mais on saura de quel bois je me chauffe! Une fois ministre, je plante la moitié de la France en betteraves, l'autre en poivre, l'autre en chandelles, *et cœtera*. Et l'on verra comme ça poussera!

—C'est peut-être bien qu'on a nommé mon fils évêque, dit la tante Gertrude, et que mon neveu nous l'annonce.

—Ou encore, dit Madeleine, que notre Pierre est nommé garde général des forêts de la couronne avec une dot pour Guillemette.

—Ce n'est pas tout ça, dit Claude en riant, Antoine a promis de m'acheter un âne; il m'a tenu sa promesse, voilà!...

Le père Mathurin avait tiré ses lunettes de sa poche; il en essuya longtemps les verres avec son mouchoir, puis il les posa sur son nez, examina de nouveau la lettre et l'ouvrit. Le bonhomme semblait savourer ses émotions et les prolonger à plaisir.

Il toussa. Le silence se rétablit; on eût entendu battre les cœurs.

Cette lettre ne renfermait que quelques lignes ainsi conçues :

« Mon cher père,

« J'ai reçu le décret qui me nomme président du tribunal, en remplacement de M. Gerbier, appelé au siége de Nancy. J'espérais vous porter moi-même cette nouvelle aujourd'hui, Une affaire imprévue me retient encore. A bientôt, néanmoins.

« Votre fils bien dévoué,

« ANTOINE BRUNO. »

« *P. S.*—Je compte partir ce soir et aller vous embrasser demain du meilleur de mon cœur : père, mère, grand Pierre, petite Guillemette et petit Claude. Dites à petit Claude que je lui ai acheté un gentil petit âne des montagnes, coquet et savant comme lui, un compatriote qui connaît le pays. »

La lecture achevée, le père Mathurin redressa la tête. Des larmes voilaient ses yeux. Les assistants paraissaient changés en statues.

—Il est président ! fit le bonhomme en levant les mains vers le plafond. Mon fils président !

—Ah ! s'écria Madeleine en pleurant à chaudes larmes, il deviendra ministre, prince, notaire, banquier, tout ce qu'il voudra. C'est un ange ! Il a de l'esprit comme un singe !

— —

—Président! dit l'oncle Nicolas. Quel honneur pour la famille!

—Oui, dit le cousin Gaillard, nous serons tous décorés!

—Décidément me voilà inspecteur de l'université de France! reprit le maître d'école en se frottant les mains.

—Moi, chef de bureau! dit l'épicier.

—Et mon fils, évêque! dit la tante Gertrude.

—Et Pierre, garde général! dit Madeleine.

—En attendant, moi, j'ai mon âne! dit Claude.

Le tumulte recommença de plus belle. Femmes, hommes, enfants, tous parlaient, riaient et gesticulaient à la fois.

Trois individus, cependant, étaient entrés; tous trois ayant la mine fûtée et le regard louche particulier aux usuriers de village.

Ces visiteurs appartenaient effectivement à cette honnête catégorie qui tient à la fois du renard et du chacal.

—On est gai, ici, dit un d'eux en s'avançant vers le père Mathurin, ce qui signifie qu'il y a de l'argent. Allons, tant mieux! Vous allez nous payer.

—Qu'est-ce qu'il y a pour votre service, monsieur Pillou? demanda le vieillard. Nous n'avons point d'affaires ensemble, que je sache, et j'en remercie Dieu pour ma part. Je n'aime point les sangsues d'argent. Chacun a ses goûts ; c'est le mien. Si vous nous voyez joyeux, ça tient à ce que nous venons d'apprendre que mon fils Antoine a été nommé président. Oui, monsieur, président, mon fils Antoine !

C'était Pierre, on le sait, qui faisait les affaires de la famille; c'était lui qui avait emprunté au nom de Mathurin, en vertu d'une procuration générale. Lui seul pouvait comprendre les paroles de Pillou.

Il parut en effet les comprendre. Sortant de son immobilité, il s'avança dans la salle.

—Ce ne sont pas des choses à discuter ici, dit-il en enveloppant la trinité des harpagons villageois d'un regard de colère. On doit le respect et la discrétion à un homme d'âge, père d'un président ! Sa maison est sacrée comme le palais de justice !

—Ce sont des mots, ça, répondit Pillou, et c'est de l'argent qu'il nous faut, autrement nous saisirons la maison.

—Essayez voir !

—Saisir la maison? s'écria le maître d'école avec un geste de majestueuse indignation, saisir le berceau d'Aristide? O profanes! Apprenez que cette maison n'est plus une humble chaumière, c'est un monument, et sur le fronton de ce monument, la postérité écrira en lettres d'or :

« Ici est né Antoine, le président Antoine Bruno, mon neveu.... »

« Mon neveu » était sublime!

—Nous ne craignons pas votre président! répliqua Pillou.

—Il vous fera empoigner par les gendarmes, dit Gaillard.

—Nous ne craignons pas les gendarmes.

—Nous vous ferons condamner, dit l'oncle Nicolas.

—Oui, ajouta l'épicier, comme des grugeurs!

—A bas les rabat-joie!

—Les hiboux!

—Les loups!

—Nous resterons ici jusqu'à ce que l'on nous paye! crièrent les trois créanciers.

—On vous en chassera! répondit Pierre.

Aussitôt, joignant l'effet à la menace, Pierre se jeta sur Pillou, et à défaut d'argent, il lui servit quelques bourrades champêtres du meilleur aloi.

Pillou était robuste, néanmoins assailli à l'improviste, et poussé du côté de la porte, il recula. Ses deux acolytes, Nathan et Malot, s'élancèrent pour le défendre; Gaillard, les poings fermés, vint se placer au côté de Pierre, prêt à argumenter en sa faveur.

Mais à ce spectacle, l'oncle Nicolas se dressa de toute sa hauteur.

—Du calme, mes enfants, du calme! s'écria-t-il avec solennité. Ne déchirez point les flancs de la patrie par vos discordes. Au nom de la France, notre mère, je vous adjure! Bannissez de vos cœurs les passions sanguinaires! Ne renouvelez pas dans nos paisibles contrées les funèbres exploits de Marius et de Sylla. Éteignez les torches de la guerre civile. Et, comme le sage Thémistocle, dites : Frappe, mais écoute!

Malheureusement à cette phrase de sa harangue, un coup de poing mal adressé s'abattit sur la nuque de l'orateur. L'oncle Nicolas se retourna avec la vivacité d'un lion dont on écraserait la queue, et oubliant, hélas! ses sublimes paroles de conciliation, il rendit—coup pour coup—et même davantage.

Ce fut le signal de la bataille.

En un moment la mêlée eut jonché le terrain de sabots dépareillés et de basques déchirées. Pierre et Gaillard, soutenus par le maître d'école, passé du rôle de pacificateur à celui de combattant, jetèrent les usuriers hors du logis, tandis que les femmes poussaient, en manière d'encouragement, d'assourdissantes clameurs.

Après la victoire, l'oncle Nicolas, haletant, pourpre, animé, comme le bouillant Ajax, vainqueur des Troyens, ramassa son bonnet de soie noire tombé pendant l'action, le secoua sur son genou, en coiffa son chef superbe et dit, en s'adressant à Pierre et à Gaillard :

—Je suis... content de vous!

Puis se tournant vers les femmes, il ajouta :

—La colère m'a emporté... Je le regrette,— mais je n'en suis pas fâché... Ça leur apprendra, nom de nom! à respecter la demeure d'un président, mon neveu, et de son auguste famille...

IV

L'attente.

Le lendemain, il sembla que le soleil mettait à se lever une lenteur extraordinaire.

On attendait à la ferme l'arrivée d'Antoine.

Dès trois heures du matin, Claude ouvrant la fenêtre de sa chambrette, cherchait à voir sur la route.

Mais à cette heure indue, aussi peu favorisé que le Satan de Milton, il n'aperçut que la nuit, il n'entendit que le silence; il se recoucha et s'endormit.

Un grand bruit interrompit son sommeil; il s'élança de nouveau vers la croisée; c'était la tempête qui l'éveillait. La neige, chassée par le

5.

vent, tourbillonnait dans la campagne désolée.

—Ah! se dit le pauvre enfant, cette nuit ne finira jamais! Et penser qu'Antoine est en route avec mon âne par ce mauvais temps!

Accoudé sur l'appui de la croisée ouverte, Claude regardait tristement tomber la neige. Tout à coup, il tressaillit; le chant du coq se faisait entendre.

—Voici le jour! s'écria-t-il.

Et, ne pouvant plus tenir dans sa chambre, il s'habilla, jeta sur ses épaules une casaque grise, et descendit au poulailler, afin de voir s'il y avait des œufs nouvellement pondus pour le déjeuner d'Antoine.

Il en découvrit en quantité suffisante.

Satisfait de sa trouvaille, Claude promena de nouveau ses regards sur la route. A la lueur du crépuscule, il vit venir un individu de son côté. Son cœur bondit d'espoir. Il alla au-devant du personnage. Mais il reconnut en lui le bûcheron Nicaise, toujours le premier levé du village.

Ce pauvre bûcheron, défendu autrefois en cour d'assises par Bruno, avait pour métier de ramasser du bois mort. Il se rendait pour cela dès le point du jour dans la forêt voisine. Nicaise faisait de ce bois des fagots, en chantant et en buvant, à la manière de Sganarelle. Moins heureux toutefois que le fagotier médecin, il lui arrivait souvent de chanter à sec, et, dans ses meilleurs jours, il n'arrosait son chant que de petite bière.

Toujours travaillant, toujours gai et toujours misérable, ce pauvre homme était, comme Œdipe, poursuivi par la fatalité, qui, pour le tourmenter, ne se bornait pas à prendre la figure des gardes de la forêt et à cacher du bois vert parmi le bois mort de ses fagots. Elle lui avait fait attribuer une influence funeste; il passait pour avoir le *mauvais œil* et porter malheur à tous ceux avec lesquels il entrait en relations.

On sait la force des idées superstitieuses dans les campagnes.

Nicaise, bûcheron de son état, avait été chassé des chantiers par ses camarades, qui accusaient son influence de toutes leurs mésaventures. Il s'était mis à faire des fagots pour son compte, mais n'en était guère devenu plus riche. On n'osait pas le fréquenter. On évitait sa rencontre. Quand il passait d'un côté de la route, on prenait l'autre, en lui faisant des cornes, préservatif réputé infaillible contre les maléfices. Les plus peureux rebroussaient chemin après lui avoir charitablement jeté une pierre.

Le lépreux de la cité d'Aoste n'était pas plus maudit, plus fui, ne vivait pas dans un isolement plus complet.

Nicaise se rendait à la forêt au chant du coq, et travaillait tout le jour. Il ne trouvait à vendre le produit de ses labeurs qu'à des juifs, qui bravaient la malignité de la destinée en faveur du bas prix de la marchandise.

A le voir, il faisait pitié; c'était un squelette ambulant. Il portait sur toute sa personne les traces d'une effroyable misère. Les bras nus, les épaules nues, les pieds nus, grelottant sous la neige, il conservait néanmoins un air de bonne humeur. On ne pouvait raisonnablement lui reprocher qu'une chose, c'était de laisser le mauvais sort introduire du bois vert dans ses fagots. Mais les temps étaient si durs, les acheteurs si exigeants, et le diable était si malin!

Du reste, à force de s'entendre maudire comme un être malfaisant, Nicaise en était venu à partager l'opinion générale sur sa prétendue influence. Paria de la superstition, il subissait humblement l'ostracisme dont il était l'objet. Il se détournait de lui-même du chemin des autres, ou interrompait à leur approche son chant mélancolique.

En le reconnaissant, Claude s'arrêta, et fit mine de retourner sur ses pas.

—Jette-moi la pierre, petit Claude, lui dit le bûcheron, afin que je ne te porte pas malheur. Cela me ferait trop de chagrin.

—Toi, me porter malheur, pauvre homme? répondit Claude; cela ne serait pas pour aujourd'hui, en tout cas; nous attendons mon frère Antoine, qui est président! Le mauvais sort ne s'attaquerait pas au frère d'un président.

—On ne sait point. Jette-moi la pierre, ça sera plus sûr.

—Non, je ne te jetterai pas la pierre, car il n'y a, comme le dit Antoine, que les méchantes actions qui portent malheur. Tiens, ajouta le généreux enfant en se dépouillant de sa casaque, mets ce vêtement sur tes épaules, Nicaise : ça te garantira de la neige, et moi du mauvais sort.

—Non, non, quand la malédiction passe d'un côté du chemin, il ne faut pas tendre les bras pour l'arrêter, répondit le bûcheron. Si j'acceptais ton cadeau, il t'arriverait malheur.

Claude ne l'écouta pas. Il rentra vivement dans la maison dont il ferma la porte. Force fut au pauvre Nicaise de garder la casaque. Il s'y résigna, mais non sans regrets, dominé par la croyance dont il était victime.

Durant cette nuit, Claude n'avait pas éprouvé seul les agitations de l'attente. La gentille Guillemette s'était retournée bien des fois dans ses draps blancs, rêvant les yeux ouverts au doux avenir que lui promettait l'arrivée d'Antoine.

Guillemette, parvenue à l'âge printanier, avait l'éclat et la fraîcheur de la rose. Avons-nous besoin d'ajouter que les plus beaux gars des alentours se disputaient cette fleur des montagnes? Mais elle dédaignait leur recherche, car elle aimait Gustave Delaroche.

Gustave, nous le savons, partageait l'amour de Guillemette, toutefois il est permis de croire que la position du frère avait favorisé l'éclosion de cet amour. Gustave aurait-il remarqué la grâce charmante de la jeune fille, si elle n'eût pas été la sœur d'Antoine? Peut-être oui, peut-être non, aurait répondu Montaigne.

Quant à Pierre, ses réflexions nocturnes avaient

été rien moins que gaies. L'arrivée d'Antoine lui causait d'indéfinissables appréhensions. Les rapports de l'oncle Nicolas et du cousin Gaillard, relativement aux contrebandiers, les réclamations menaçantes de Pillou, le mauvais état des affaires de la famille, tout lui était un sujet de crainte et de soucis.

Il n'avait dormi qu'un moment, et pendant ce moment, sous le coup d'un horrible cauchemar, il s'était vu arrêté par les gendarmes, conduit en prison et condamné à mort comme contrebandier à main armée.

Le père Mathurin et Madeleine avaient, de leur côté, devisé une partie de la nuit. L'avenir leur apparaissait couleur de rose; ils revivaient dans leurs enfants. Qu'ils étaient heureux, les bons vieillards, en songeant à Antoine!

—C'est pourtant notre fils! se disaient-ils. Ça n'est pas croyable, un homme si savant; si comme il faut, un président!

Quelle fête de le revoir! Quelle surprise ils lui préparaient!

Ils se levèrent au point du jour et se mirent à faire leur toilette. Ils y étaient occupés depuis deux heures, quand Guillemette, tourmentée de ne pas les voir paraître, alla frapper à la porte de leur chambre.

—On n'ouvre pas, répond Madeleine, on n'ouvrira que quand Antoine sera arrivé.

Guillemette ne savait pas ce que cela voulait dire. Elle revint frapper une heure après, Madeleine lui fit la même réponse.

A dix heures, les bonnes gens n'avaient pas ouvert, et ils étaient à jeun, eux habitués à déjeuner dès leur réveil. Ils devaient souffrir cruellement de la faim.

Cependant les villageois se rassemblaient devant la maison et sur la route.

Tout à coup des exclamations retentirent.

Une voiture arrivait.

Claude et Guillemette se précipitèrent dehors.

La voiture s'arrêta; un homme en descendit.

C'était Antoine!

Il fut entouré et bousculé avec amour par les villageois enthousiasmés.

Le maître d'école, placé au premier rang de la foule, lui adressa une improvisation dans le genre sublime, à laquelle il avait travaillé depuis la veille, mais le bruit des voix couvrit son discours; il dut même en supprimer la péroraison ; perte à jamais regrettable pour les âges futurs !

Guillemette et Claude s'étaient élancés dans les bras d'Antoine. Il les serra sur sa poitrine, et leur mit aux joues de bons gros baisers de village ; puis il entra dans la maison.

Pierre vint au-devant de lui, mais sans y mettre d'empressement, et d'un air de crainte. Antoine, lui prenant la main, l'embrassa.

—Qu'as-tu, Pierre? lui dit-il, tu es triste.

—Ce n'est pas ce que j'ai qui m'attriste, répondit Pierre, c'est ce que je n'ai pas.

—C'est bien, dit Antoine, comprenant que son frère faisait allusion à la pauvreté de la famille ; nous causerons de cela. Où sont le père et la mère?

Une porte s'ouvrit.

Les deux vieillards entrèrent.

Mais Antoine recula stupéfait. Il regarda Pierre, Guillemette et Claude, qui, frappés comme lui d'étonnement, paraissaient n'en pas croire leurs yeux.

Le père Mathurin et Madeleine, pour célébrer l'arrivée de leur fils et faire honneur au président, avaient extrait d'une armoire leurs habits de noces et s'en étaient revêtus. Ces habits, vieux de quarante années, fanés, jaunis, flétris, rongés par les mites, étaient devenus trop étroits aux membres arrondis des vieillards, et craquaient de tous les côtés.

C'était un spectacle tout à la fois grotesque et touchant, triste et risible.

Madeleine n'avait pas oublié sur sa tête la couronne de fleurs d'oranger; Mathurin avait mis les gants blancs et la cravate blanche; il portait le bouquet de jeune marié à sa boutonnière. Tous les deux souriaient de la surprise qu'ils causaient, de la joie des anciens souvenirs et du bonheur de contempler leur fils.

Antoine les regardait avec inquiétude. Sa première pensée, à la vue de ses chers parents si bizarrement affublés, avait été que la raison les abandonnait.

—Eh bien! dit le père, ne nous reconnais-tu point, Antoine?... Ah! ah! poursuivit-il en riant, c'est notre habit de noces qui te fait peur? Il ne convient plus à nos cheveux blancs, c'est possible; mais le bonheur n'a point d'âge, et nous sommes aussi heureux aujourd'hui que le jour où nous l'avons revêtu pour la première fois, cet habit ; car Dieu a béni en toi notre union, autant et plus que ne pouvaient l'espérer de pauvres gens comme nous. Pas vrai, Madeleine ?

La bonne vieille avait les yeux baignés de larmes d'attendrissement ; Antoine l'embrassa avec effusion.

—C'est une idée qui nous est venue, continua Mathurin, et si nous avions eu un costume allant mieux à notre joie, nous l'aurions mis.

Des bras de sa mère, Antoine passa dans ceux du vieillard.

V

Les confidences.

Après les premiers épanchements, on songea au déjeuner.

Toute la famille était à jeun. Claude et Guillemette s'occupèrent à qui mieux mieux des préparatifs culinaires. On décrocha du plafond le jambon fumé et la fine tranche de lard. On mit la basse-cour à contribution ; des pots de bière, couronnés de mousse blanche, furent tirés de la cave. Ce n'était, à vrai dire, ni le festin de Balthazar, n même celui de Gamache, mais la joie et l'appétit assaisonnaient les mets.

Entre le morceau de lard et l'aileron de poulet, Antoine annonça à Claude que son âne arriverait dans l'après-midi. Il avait acheté cet âne à M. Delaroche, qui possédait une superbe propriété dans un village voisin appelé Darcis. Au nom de Delaroche, Guillemette avait rougi, et tous les yeux s'étaient tournés de son côté, ce qui du rouge écarlate l'avait fait passer au rouge pourpre.

—Eh bien ! Guillemette, dit Antoine en souriant, pourquoi rougis-tu ?

—Mais toi-même, Antoine, pourquoi ce nom te fait-il rougir aussi ?

—Tu oublies, mon enfant, interrompit la vieille Madeleine, que ton frère Antoine est président. Tu devrais lui répondre et non le questionner, quand il a la bonté de t'interroger. Tu devrais même ne pas le tutoyer.

—O bonne mère! ne plus tutoyer mon frère Antoine! que dites-vous là? répliqua Guillemette avec stupéfaction. Je l'aime trop pour lui témoigner tant de respect.

—Guillemette a raison, dit Antoine en souriant, et cela me ferait de la peine, chère mère. Ne plus m'entendre tutoyer par ma petite Guillemette? je croirais qu'elle ne m'aime plus !

—Comme vous le voudrez, mon fils. C'est que

moi qui suis ta mère, c'est à peine si j'ose vous tutoyer. Vous êtes devenu président, et nous sommes restés, nous autres, de simples villageois.

—Vous êtes restés d'honnêtes gens, répondit Antoine, et moi je ne suis pas devenu autre chose, Dieu merci! Mais pour en revenir à nos moutons, puisque ma chère sœur a éludé ma question, je vais répondre à la sienne. Oui, mes chers parents, j'ai retrouvé dans mademoiselle Léonie Delaroche le gentil caractère et le cœur aimant de notre Guillemette. Comment ne l'aurais-je pas aimée? Le jour où mon ami Gustave vous demandera votre fille en mariage, je demanderai la main de mademoiselle Léonie à son père. C'est une affaire convenue.

La famille Delaroche était une des plus riches et des plus importantes familles du département. M. Delaroche tenait à Rozay une maison considérable. Il passait la saison d'été dans sa propriété de Darcis, située au milieu des montagnes, sur le bord d'un torrent. Les eaux de ce torrent, après maints circuits à travers les vallées, venaient alimenter le village de Rize; elles coulaient à peu de distance de la ferme Bruno, sous la forme d'une charmante rivière bordée de saules et de peupliers.

A l'époque des vacances judiciaires, il était arrivé à Gustave de s'engager dans un canot, avec sa sœur, sur cette route mobile, qui l'avait entraîné sans effort jusque chez son ami. Grâce à ce trait d'union, il s'était établi entre les deux familles une prompte intimité. On se lie vite à la campagne, et surtout dans une campagne peu fréquentée. Gustave et Guillemette, Antoine et Léonie avaient bientôt réalisé le quadrille amoureux des poëmes de la vallée de Tempé. La position d'Antoine faisait oublier la disproportion de fortune.

Cette révélation des amours de leurs enfants, les riantes perspectives qu'elles ouvraient devant eux, ravirent de joie Mathurin et Madeleine.

—Dieu du ciel et de la terre! je disais bien que mon Antoine nous porterait bonheur à tous! s'écria le vieillard. C'est l'honneur et la bénédiction de la famille!

—Dites notre Antoine, Mathurin, repartit la mère qui riait et pleurait d'émotion. Il est à moi aussi bien qu'à vous!

—J'en demande ma part! s'écria Claude.

—Moi aussi ! fit Guillemette.

Et, se levant spontanément, ils se précipitèrent sur Antoine, luttant pour ainsi dire à qui l'embrasserait.

Pendant un moment, ce fut un bruit confus de sanglots et d'exclamations d'allégresse. Tous les yeux étaient mouillés de larmes. L'ivresse du bonheur paraissait égarer toutes les têtes.

Pierre n'avait pas dit un seul mot pendant le déjeuner. En présence de cette scène où toutes les fibres de l'attendrissement étaient sollicitées, il demeura immobile et froid sur sa chaise. La pâleur de sa figure, l'altération de ses traits, le feu sombre de ses regards, trahissaient la profondeur de la mystérieuse blessure qu'il portait au dedans de lui.

Mais le père Mathurin, s'arrachant bientôt à ces embrassements, se mit à marcher dans la chambre.

— Or çà, dit-il en cherchant à se calmer, il ne faut pas que le plaisir nous fasse oublier l'ouvrage. Femme, et toi fille, restez avec mon fils Antoine pendant que nous allons travailler. Pierre et Claude, suivez-moi.

—Eh ! cher homme, dit Madeleine, êtes-vous

donc rassasié de bonheur, que vous quittez notre fils?

Le vieillard avait besoin d'air, de mouvement; l'émotion l'étouffait.

—Non, non, répondit-il, c'est l'affaire d'un petit quart d'heure. Montons au grenier; nous rangerons le foin, et ça passera.

Il s'essuyait le front, il épongeait ses yeux avec son mouchoir, qu'il mettait et remettait sur sa bouche, comme pour barrer le passage aux sanglots qui lui gonflaient la poitrine.

Antoine, voyant le trouble de son père et comprenant son intention, se leva.

—Montons tous ensemble au grenier, dit-il. Ainsi, nous ne nous séparerons pas, et la besogne sera plus tôt faite.

Madeleine le regarda d'un air étonné; elle semblait croire qu'il plaisantait.

—Ah bien! il ferait beau voir un homme comme toi,—un président,—dans un grenier à foin! dit-elle.

—Ici, chère mère, répondit Antoine avce gaieté, je ne suis que votre fils.

En même temps il ouvrit la porte donnant sur l'escalier du grenier.

—Mais vous allez gâter vos beaux habits; vous n'êtes plus habitué à travailler le fourrage.

—Cela me rajeunira; ne craignez rien.

—Mais c'est un travail qui ne vous convient pas.

—Tout travail honore et élève, chère mère, il n'y a pas de travail qui abaisse. Allons, père, poursuivit Antoine en faisant passer le vieillard devant lui, à tout seigneur tout honneur.

—Ah! fils, tu parles comme un livre! dit Mathurin émerveillé.

On monta au grenier; il s'agissait d'emmagasiner, d'une pièce dans une autre, une pile de bottes de foin attaquées par l'humidité.

—Oh! oh! dit Claude, laissez-moi monter sur la meule. Je jetterai les bottes à Antoine.

Ces paroles étaient à peine prononcées, que le joyeux enfant apparut debout, dans l'attitude d'un empereur romain, sur son piédestal de fourrage. Il prit une botte, et la lança à Antoine, qui la saisit au vol, et la jeta à Pierre, lequel la remit à Mathurin, chargé de construire le nouveau tas.

Madeleine et Guillemette regardaient faire.

Guillemette s'amusait des espiégleries de Claude, qui lançait les bottes avec une maladresse volontaire; et quand Antoine manquait de les attraper, elle éclatait de rire. Les plaisanteries de Claude, la bonne humeur d'Antoine finirent par égayer Madeleine et Mathurin.

—Vous voyez bien, chère mère, disait Antoine, que je suis encore bon à quelque chose.

—Attrape celle-là, frère, lui criait Claude. Bon!... manqué!... Ah! le mauvais ouvrier!

—Tu es trop indulgent, Antoine, dit Guillemette. Tu l'encourages au mal.

—Ce n'est pas un mal de rire, chère petite, loin de là; celui qui rit ne pense pas à mal faire.

—Si on vous voyait! dit Madeleine.

—Mais on ne nous voit pas. Ah! combien ne donnerais-je pas souvent pour entendre ces joyeux et francs éclats de rire! pour me retrouver ainsi au milieu de vous, avec les joies, les souvenirs et les travaux du bon vieux temps de ma jeunesse! Cela retrempe et rafraîchit le cœur; cela vous rend des bonheurs oubliés. On redevient enfant avec le sentiment des inappréciables félicités de l'enfance!

Peut-être les cœurs primitifs auxquels Bruno s'adressait ne comprenaient-ils pas le sens profond de ses paroles. Pour lui, il se sentait pénétré d'un véritable bien-être. Il se trouvait dans la situation délicieuse où Virgile suppose que seraient les hommes des champs, s'ils connaissaient leur bonheur.

Mais les expansions de joie de la famille furent inopinément troublées par un bruit de voix qui retentit dans la salle du rez-de-chaussée.

Pierre prêta l'oreille, et descendit vivement l'escalier.

VI

Un point noir dans le ciel d'Antoine.

Disons ce qui venait de se passer à l'étage inférieur tandis que la famille travaillait au grenier.

La nouvelle de l'arrivée d'Antoine s'était depuis le matin répandue par tout le vallon.

Antoine avait été l'ami d'un certain nombre d'habitants, agrestes camarades des jeux et des travaux de son enfance.

Ces braves gens, fiers de leurs anciennes relations d'intimité avec un homme parvenu à un poste éminent, montraient naturellement une ardeur joyeuse à fêter sa visite au village.

Après avoir été saluer de leurs acclamations Antoine sur la route, après avoir absorbé en son honneur dans un cabaret les libations de l'amitié, ils avaient peu à peu envahi la maison du père Mathurin.

Dans la salle du rez-de-chaussée se trouvaient l'oncle Nicolas, le cousin Gaillard, la tante Gertrude et une trentaine de visiteurs.

L'oncle Nicolas se rengorgeait, grandi de vingt coudées, au concert des éloges — un concert produisant un affreux vacarme—que l'on faisait d'Antoine.

—J'ai eu, en effet, l'honneur, s'écriait-il, de développer les principes de sa judiciaire, et de lui inculquer les éléments de la grande éloquence, car c'est moi qui lui ai appris à lire, et la lecture est le fondement, la base de toutes les sciences! Quiconque sait lire a, dans la giberne de son intelligence, son bâton d'académicien!

Ce beau langage, ces fleurs hétéroclites de la grande éloquence s'épanouissaient sans peine sur les lèvres du maître d'école. C'était plaisir de l'entendre. Les bons villageois l'écoutaient, la bouche et les yeux béants, admirant sa pose majestueuse, et plus encore sa forte voix de plain-chant.

Ils se souvenaient qu'un jour de fête carillonnée, cette voix, en chantant au lutrin, avait dominé le braiment irrespectueux d'un âne qui passait près de l'église du village.

—C'est égal, dit un nourrisseur, il a joliment profité de vos leçons, l'ami Antoine, et mieux que nous autres, je m'en vante.

— Oui et non, répondit le cousin Gaillard. S'il en a profité pour devenir président, nous en avons profité, mon compère, pour devenir, vous, nourrisseur de bestiaux, et moi épicier. A chacun son département. Il faut dans un État bien ordonné des nourrisseurs et des épiciers, tout aussi bien que des présidents. Ce sont des ingrédients nécessaires. Si les épiciers et les nourrisseurs étaient devenus des savants, il aurait fallu que les savants devinssent des nourrisseurs et des épiciers, ou la nation dépérirait, c'est clair comme de la mélasse!

—Bien raisonné! fit l'oncle Nicolas. Mais sans nous offusquer, nous pouvons dire qu'un président est un président, et que c'est une gloire pour notre famille et pour le village d'avoir mis Antoine au monde; je puis bien ajouter, sans me vanter, que c'est un grand honneur pour moi, ici présent, de l'avoir éduqué sur les principes, et que j'ai rendu là un fameux service à mon pays, nom de nom!

—Fameux! c'est le mot, dit le nourrisseur.

On approuva.

—Pour moi, dit la tante Gertrude, je n'en ai pas dormi, tant j'en avais de joie. J'ai rêvé toute la nuit bonnet d'évêque.

Le bonnet d'évêque était sa marotte. On sait qu'elle en réclamait un pour son fils, le vicaire.

—Voici mon opinion, dit un maître maçon : la commune devrait élever une colonne à Antoine ; j'en ai les matériaux. Si on veut me les payer, je les sacrifierai à la gloire du président, mon ami.

—On devrait plutôt lui acheter une paire de bœufs. J'en ai de magnifiques, dit le nourrisseur.

—Ou lui tirer un feu d'artifice, dit l'épicier, qui vendait des pétards.

—Ce n'est pas tout ça, repartit le maître d'école. A son entrée dans nos murailles, on aurait dû lui offrir, comme je le disais, les clefs des portes de la ville sur un plateau d'argent.

—Mais la ville n'a pas de clefs, dit Gaillard.

—Ni de portes, dit la tante Gertrude.

—Ni de murailles, ajouta le maître maçon.

—Et c'est un village, continua l'épicier.

—Ça ne fait rien, reprit imperturbablement

l'oncle Nicolas ; c'est une manière de parler, une figure d'éloquence. La ville....

—Le village.

—Ça ne fait rien. La ville lui aurait adressé par mon organe la harangue que j'avais composée, et qu'on aurait applaudie.

—Et solidement ! dit le nourrisseur.

—Mais ce qui est différé n'est pas perdu, reprit l'oncle Nicolas. Partie manquée, partie remise ; ce qu'on n'a pas fait à son arrivée, nous le ferons à son départ. A son départ, nous lui offrirons les clefs de la ville et nous le haranguerons.

—Ça n'empêchera pas de lui élever une colonne, dit le maître maçon.

—Ni de lui acheter une paire de bœufs.

—Ni de lui tirer un feu d'artifice.

—Topez là, c'est chose convenue, répondit le maître d'école, et nous crierons : Vive le président Antoine Bruno !—mon neveu !

—Oui, oui, fit l'assemblée tout d'une voix : Vive le président Antoine Bruno !

Parents et amis étaient dans ces excellentes dispositions quand un huissier se présenta accompagné de témoins. Il venait de la part des créanciers Pillou, Malot et Nathan. Mais à p eine eut-

fait connaître le but de sa visite,—il était chargé d'opérer une saisie,—que des clameurs d'indignation retentirent.

Pierre, descendu au bruit de ces clameurs, fut aussitôt entouré.

C'était à qui lui donnerait des explications et l'exciterait contre les usuriers.

Or, Pierre n'avait pas besoin d'être incité.

A la vue de l'huissier, la colère l'emporta, et il se disposait à le jeter dehors quand il sentit sur son épaule l'étreinte d'une main vigoureuse. Une voix forte, impérative, cria en même temps :

—Arrêtez !

Au son de cette voix, toutes les têtes se retournèrent, tous les bras demeurèrent en suspens.

C'était Antoine, qui, inquiet du bruit, avait suivi Pierre.

—Que signifie ce scandale ? dit-il en s'avançant entre les deux camps ?

L'huissier s'approcha de lui et le mit au fait de l'objet de sa mission. Mais Pierre intervint, frémissant de rage, voulant expulser l'officier ministériel et ses témoins, dont l'un, dans la chaleur de la discussion, venait de l'appeler contrebandier. Bruno l'arrêta de nouveau.

—Tu dois respecter la loi et ses représentants, lui dit-il. Si les réclamations de M. Pillou sont dénuées de fondement, elles seront repoussées par la justice. Mais d'abord je veux en prendre connaissance.

Il pria l'huissier de lui communiquer les pièces, se portant garant des dettes de la famille au cas où ces dettes seraient justifiées.

Le mandataire des usuriers consentit à se retirer.

Mais, avant qu'il fût sorti, Antoine en se retournant se trouva face à face avec mademoiselle Léonie Delaroche, son ami Gustave et M. Delaroche, entrés dans la salle pendant les explications.

Ses vêtements étaient en désordre. Il avait le visage pâle. L'apparition de la famille Delaroche en un pareil moment le glaça de stupeur.

VII

Les images.

Les parents et amis se retirèrent.

Mathurin, Madeleine, Guillemette et Claude étaient descendus dans la salle.

Après la scène tumultueuse à laquelle la famille Delaroche venait d'assister, ce fut pour elle un étrange spectacle que celui du costume dont étaient couverts les maîtres de la maison.

Les deux vieillards n'avaient point quitté leurs toilettes de mariés—et quelles toilettes!— Cela ne paraissait pas seulement ridicule à des yeux étrangers, mais on pouvait y voir une mascarade grotesque, aussi difficile à expliquer que triste à considérer. Aussi les visages des visiteurs, sous l'empire de pénibles préoccupations, s'étaient-ils empreints de tristesse.

Pendant un moment, les membres des deux familles restèrent à se considérer en silence, embarrassés, décontenancés, interdits. Enfin, Léonie se rapprocha de Guillemette, et les deux gentilles amies, se prenant les mains, se mirent à causer à voix basse.

Léonie possédait l'esprit du cœur, le seul précieux à rencontrer chez une jeune fille. Elle avait reconnu les heureuses qualités de la sœur d'Antoine, et s'était placée tout de suite à son égard sur le pied de l'intimité. Guillemette, douée d'une intelligence vive et d'un grand bon sens, ne manquait pas, du reste, d'une instruction relative ; les leçons de l'oncle Nicolas et les conseils d'Antoine l'avaient formée. Sa conversation était aisée, douce, harmonieuse comme un chant d'oiseau ; un peu de hardiesse l'eût rendue spirituelle, mais la modestie lui donnait un attrait plus charmant.

—Ah ça ! mon ami, dit Gustave en s'avançant vers Antoine et en lui prenant la main, est-ce que nous avons fêté la mi-carême ? Pardieu ! cela n'est pas un crime. On ne peut pas toujours prononcer des jugements. Cicéron quittait les rostres et la toge pour aller jouer au disque; et Caton, le rigide Caton, ne dédaignait ni le falerne ni les saturnales.

Antoine était très-pâle; l'observation de Gustave lui fit monter le rouge à la figure. Il jeta un coup d'œil du côté de Mathurin et de Madeleine, qui se tenaient tout honteux dans le fond de la chambre.

—Mon ami, répondit-il d'une voix grave et triste, ce que vous prenez pour une mascarade est une pieuse évocation de chers souvenirs. Mon père et ma mère ont revêtu ces vieux vêtements, qui étaient leurs habits de noces, pour fêter ma nomination et ma bienvenue.

—C'est l'habit des jours de bonheur, dit Mathurin avec émotion. S'il n'est point beau, ce n'est point sa faute; il est si vieux! La vieillesse est l'ennemie de la beauté.

M. Delaroche était venu pour saluer la famille Bruno, entrer avec elle en relations d'amitié, et demander pour Gustave la main de Guillemette. Cette demande devait être suivie de la déclaration du projet de mariage formé entre Léonie et Antoine.

La scène dont il avait été témoin à son entrée

dans la ferme et les bruits recueillis dans le village relativement à la conduite de Pierre lui firent ajourner l'exécution d'une partie de ses desseins. Du principal objet de sa visite il ne dit pas un mot. Toutefois, surmontant son déplaisir, il prit un air de politesse affectueuse qui lui permît d'observer, d'étudier, et au besoin de se renseigner, sans engager formellement l'avenir de son fils et de sa fille.

Certes, il aimait et estimait Antoine ; il le connaissait depuis longtemps, il était sûr de lui. Mais comme il l'avait dit à Gustave, l'alliance de deux familles établissait entre elles un lien de solidarité morale ; il ne fallait pas que l'une eût à rougir de l'autre. Ami du président Bruno, il lui aurait confié sans hésitation le bonheur de Léonie. Père, il devait s'informer s'il pouvait unir sa fille au fils de Mathurin, au frère de Pierre et de Claude.

—Mon ami, dit-il à Antoine, vous nous pardonnerez de vous avoir surpris et d'être indiscrets. Gustave m'avait parlé de l'agréable situation de votre vallon, et j'ai lu dans le journal que le gouvernement y mettait aux enchères le château de Grandpré. Il serait possible que cette acquisition me convînt. Vous êtes du pays, vous y avez vos parents et des connaissances. J'ai pensé que je ne pourrais mieux m'adresser qu'à vous pour avoir des renseignements sur cette propriété. Est-elle aussi belle qu'on le dit ?

Bruno, en entendant ces paroles, jeta sur M. Delaroche un regard plein de reproches, puis il tourna les yeux vers Gustave et Léonie, et un amer sourire se dessina sur ses lèvres.

Léonie et Gustave considérèrent M. Delaroche d'un air attristé.

Cette scène ne pouvait pas être comprise des maîtres de la maison. Mathurin et Madeleine ne voyaient dans la question de l'ancien colonel que la question elle-même. Étonnés du silence d'Antoine, ils s'avancèrent spontanément du fond de la salle.

—Pardon, monsieur, dit Mathurin, mon fils Antoine a quitté le pays depuis bien des années, et il a peut-être oublié le château....

—Un bien beau logis, dit Madeleine, et un parc, et des bois, et des écuries, et des étables, si bien bâtis qu'on y logerait des seigneurs.

—On y trouve aussi, reprit Mathurin, une pièce de pré qui n'a point de fin.

—Et des bassins pleins d'eau, avec des cygnes dedans, ajouta Madeleine.

—Et du gibier, en veux-tu, en voilà? Il n'y a qu'à se baisser pour l'attraper.

—Et des poissons qu'on pêche avec la main.

—On peut le visiter, sans doute? demanda M. Delaroche.

—Oui, oui, la vue n'en coûte rien; une belle promenade à travers la forêt.

—Le temps est magnifique; voulez-vous faire cette promenade avec nous,—en famille?

—C'est bien de l'honneur, répondit Mathurin en s'inclinant, et en consultant du regard sa femme et ses enfants.

—Et vous, mon ami, continua M. Delaroche en s'adressant à Antoine, ne voulez-vous pas nous accompagner?

Antoine le considéra fixement et parut hésiter à répondre.

—Que diable! poursuivit l'ancien colonel d'un ton de bonne humeur, avant d'acheter une propriété,—fût-ce un château,—comme avant de se choisir une femme, un gendre, une belle-fille, il faut faire connaissance; on n'achète ni on ne se marie les yeux fermés. Une propriété a, comme un époux ou une épouse, des tenants et des aboutissants, des avantages et des servitudes que l'on doit examiner, étudier, balancer; autrement on se prépare des regrets et des chagrins.

Si Bruno avait vu dans les premières paroles de M. Delaroche un démenti blessant au but présumé de son voyage, il y avait tant de raison et de cordialité dans ses explications, qu'il sentit son irritation s'évanouir. Le père de Léonie et de Gustave voulait, avant de se déclarer, connaître la famille avec laquelle il projetait une alliance. Rien n'était plus juste.

—Je suis à vos ordres, répondit Antoine à M. Delaroche.

VIII

La conjuration.

On se mit en route.

Le temps était en effet très-beau : ciel d'azur, soleil splendide, air vif et frais. Le vent avait balayé la neige dans les ravins de la montagne; la terre était sèche, le chemin conduisant à la forêt uni et doux.

C'était une ravissante promenade.

Mais il fallait traverser la rue du village dans toute sa longueur.

Le père Mathurin et Madeleine ouvraient la marche; venaient ensuite Guillemette et Léonie, se donnant le bras; puis M. Delaroche, Antoine et Gustave sur une même ligne et causant entre eux.

Pierre était resté à la maison.

Quant à Claude, il avait vu arriver le petit âne promis par Antoine ; il eût bien voulu l'emmener ; mais il avait dû le laisser à l'écurie pour qu'il se reposât. En son absence, il voltigeait comme une abeille, de la tête à la queue de la colonne, tantôt s'avançant en éclaireur, tantôt formant l'arrière-garde.

L'arrivée de Bruno et de la famille Delaroche avait causé un grand émoi dans le village. Les propos les plus étranges couraient de maison en maison. La curiosité était vivement excitée. On voyait, au passage du cortége, les villageois se précipiter du fond des habitations sur le seuil de leurs portes, et regarder les promeneurs, les uns avec une apparence de chagrin, les autres avec un air de satisfaction méchante.

M. Delaroche était surpris de l'agitation qui se manifestait le long du chemin ; Léonie en était effrayée ; Antoine et Guillemette paraissaient n'y rien comprendre ; quelque chose d'extraordinaire avait eu lieu, ou l'on s'attendait à l'explosion d'une catastrophe. Il y avait sur les visages une inquiétude inexplicable.

Tout à coup on vit le cousin Gaillard s'élancer de sa boutique d'épiceries dans la rue, poursuivre, arrêter, saisir au collet, et secouer rudement un enfant d'une douzaine d'années qui se précipitait vers le cortége.

—Attends, mauvais drôle! lui criait-il. Je te forcerai bien à te taire!

—Tiens! il n'y a pas de mal à ça, répondit l'enfant. Je vas demander à petit Claude si c'est vrai que grand Pierre est en prison.

—Veux-tu bien te taire, méchant gars!

—Allons, morbleu! laissez cet enfant, dit un forgeron qui se tenait sur le pas de sa porte. Parce qu'on est le cousin de contrebandiers, ce n'est point une raison pour maltraiter les gens.

—Vous êtes un vrai menteur! s'écria Gaillard avec colère.

—Bon, bon! on sait ce qu'on sait. La preuve, c'est que grand Pierre doit de l'argent à mon oncle Pillou, et les mauvaises payes, c'est capable de tout.

A ce moment, de l'autre côté de la rue, se montra l'oncle Nicolas, sur le seuil du rez-de-chaussée, où il tenait sa classe. Coiffé de son bonnet de soie noire, les lunettes sur le nez, un livre à la main, il avait la majesté olympienne du Jupiter en courroux.

—C'est encore toi, méchant Vulcain? cria-t-il au forgeron d'une voix tonnante, en relevant avec solennité ses lunettes sur son front. Jusques à quand troubleras-tu nos oreilles du bruit de tes insolentes provocations? Rentre dans ta caverne, Polyphème; n'étale pas la noirceur du cyclope aux yeux des nobles étrangers qui viennent visiter nos murailles, nom de nom!

Il eût fallu avoir le cœur enveloppé d'un triple airain pour résister à cette froudroyante objurgation. Or, le neveu de Pillou n'était pas un forgeron endurci. Il avait fait son éducation sous les auspices de la férule de l'oncle Nicolas; il était habitué à obéir à cette redoutable voix, dont le diapason dominait le braiment de l'âne; la grande éloquence du maître d'école avait conservé sur l'élève tout son empire.

Il rentra dans sa boutique, la tête basse, de l'air d'un écolier mutin.

Le jarret tendu, le bonnet à la main, la tête fièrement rejetée en arrière, le magister victorieux s'avança au-devant des promeneurs.

—Excusez, dit-il en s'adressant à M. Delaroche, excusez cette tourbe grossière! Enfants perdus de ces lointains climats, ils ignorent les principes de l'urbanité; ils manquent de savoir-vivre. Ce n'est pourtant pas faute de bons exemples, car je puis le dire, je les leur prodigue, nom de nom! Mais ils feraient de cette vallée une Thessalie, une Tauride pour les malheureux naufragés que la tempête rejetterait sur nos bords. Je vous en fais excuse, au nom de mon pays!

—Mais, répondit M. Delaroche un peu ébloui de la magnificence de ce langage, je ne comprends pas bien ce que ces braves gens peuvent me vouloir.

—Les siècles se succèdent, mais les hommes ne changent pas, répliqua le maître d'école d'un ton plus haut. Orphée, Homère, Aristide le juste, Socrate, Caton, Cicéron et tant d'autres ont été tour à tour les victimes de la perversité humaine. Il y a partout des Zoïles et des Anitus, aussi bien sous le chapeau de castor des citadins que sous le bonnet de coton des campagnards...

—Très-bien! mais dites-moi ce que signifient ces injures.

L'oncle Nicolas ouvrait la bouche, heureux de trouver le débit de ses éloquentes périodes, quand le cousin Gaillard, l'homme positif, arriva pour lui couper la phrase.

—Ce sont de mauvaises langues, des rustauds, des fainéants qui disent que Pierre a fait la contrebande, et qu'il est en prison pour ça ! s'écria-t-il sans préambule. Voyez comme c'est probable : le frère du cousin Antoine ! C'est une invention de l'usurier Pillou, j'en jurerais !

On comprend facilement ce que devait souffrir Antoine pendant ces explications.

Déjà il avait entendu accoler l'épithète de contrebandier au nom de Pierre, et le souvenir de M. Dragon lui était revenu à l'esprit. Les incidents s'étaient succédé avec une telle rapidité, qu'il n'avait pas pu s'informer des motifs de l'accusation portée contre son frère.

En présence de la famille Delaroche, une enquête était dangereuse, impossible.

—Pierre est resté à la maison pour y terminer l'ouvrage, dit Antoine. S'il ne nous accompagne pas, c'est qu'il a préféré le travail au plaisir. Il faut laisser dire les mauvaises langues.

La résignation dédaigneuse dont témoignait cette réponse était démentie par le frémissement fébrile des lèvres d'Antoine, et le ton altéré de sa voix. L'oncle Nicolas attira heureusement l'attention de son côté par une nouvelle sortie.

—Bien dit, mon neveu! s'écria-t-il. Je le vois avec bonheur, vous n'avez pas oublié les principes de sagesse que je vous ai inculqués pendant votre bas âge. Il faut laisser, comme le dit La Fontaine, les serpents ronger le sein,—non, la lime qui les a réchauffés, - non, je me trompe, nom de nom! c'est bien le sein que je voulais dire.

Cette fois l'orateur s'était embrouillé dans ses phrases; il en était tout confus.

—Parbleu! lui dit en souriant Gustave, je ne m'étonne pas qu'Antoine soit devenu un de nos magistrats les plus habiles à manier la parole, ayant eu le rare bonheur de suivre vos leçons. Il faut un Socrate pour former un Platon, il faut un Nicolas pour former un Bruno!

—C'est mon chef-d'œuvre! répondit le grand homme en se redressant, l'œil étincelant de fierté.

Tout en causant, l'oncle Nicolas et le cousin Gaillard avaient suivi le cortége.

Gustave fit parler le maître d'école, dont l'éloquence l'amusait. L'épicier Gaillard avait des saillies, du trait et de l'adresse; il faisait entrer à doses convenables, dans la conversation, le poivre du sarcasme et la cannelle du compliment.

Grâce à ce renfort de causeurs, la promenade devint gaie, animée, divertissante.

Antoine cherchait à se persuader que ses craintes n'avaient pas d'autre fondement qu'une rumeur mensongère.

On arriva dans la forêt. C'était un magnifique plant d'arbres de haute futaie que traversait un cours d'eau.

—C'est plus beau qu'une forêt d'Amérique, dit M. Delaroche avec satisfaction.

—Et moins loin, dit Gaillard. Voyez de ce côté comme ces arbres grimpent sur le flanc de la montagne.

—On croirait voir une armée de Titans essayant d'escalader le ciel! s'écria le poétique maître d'école.

—Moi, repartit l'épicier, j'y vois une foule de cordes de bois, des madriers, des voliges et des charpentes à emplir un chantier, et la bourse de celui qui le posséderait.

—Il est vrai qu'une usine établie sur ce cours d'eau vaudrait la meilleure ferme, dit Antoine, qui depuis longtemps songeait aux moyens de tirer sa famille de la pauvreté.

On visita le château de Grandpré, qui se trouvait à peu de distance ; puis, comme il se faisait tard, on reprit la route du village.

Tout à coup une voix effrayée se fit entendre.

—Défiez-vous des loups ! cria cette voix.

—Eh ! c'est Nicaise ! dit Claude en apercevant le bûcheron à demi caché par une pile de fagots.

—Oui, c'est moi ! Ah ! j'avais bien raison de dire que je vous porterais malheur, petit Claude, ajouta le pauvre homme. Voilà que ça commence.

—Que se passe-t-il donc ? demanda Antoine inquiet.

Nicaise n'avait plus la casaque dont Claude lui avait fait l'aumône. Couvert de misérables haillons, hideux à voir, il semblait retenu derrière les fagots par un sentiment de honte. A peine osait-il avancer la tête. Cependant, à la question de Bruno, il fit un mouvement comme pour se précipiter vers lui ; mais à la vue de Guillemette et de Léonie il s'arrêta.

—Malheureux que je suis ! s'écria-t-il avec une étrange expression de désespoir, c'est moi qui vous ai perdus. Ah ! pourquoi, monsieur Antoine, m'avez-vous sauvé ?

A ces mots, Nicaise s'enfuit à travers la forêt, et disparut.

Nos amis se regardèrent avec stupéfaction.

— Quel est donc ce Nicaise ? demanda M. Delaroche en s'adressant à Antoine. Serait-ce le bûcheron que vous avez défendu devant la cour d'assises ?

— Oui, c'est lui, répondit Bruno. Le pauvre homme, depuis cette affaire, ne paraît pas avoir recouvré complétement l'usage de la raison. On abuse de sa faiblesse d'esprit pour le persécuter. On l'accuse de jeter des sorts, et il croit à la funeste influence que la sottise lui attribue. Innocent et bon, il est le souffre-douleur des habitants du pays.

— Avez-vous compris l'avertissement qu'il nous a donné ? demanda Gustave.

— S'il a l'esprit dérangé, répondit M. Delaroche, cet avertissement s'explique de lui-même.

Cet incident, sans inquiéter beaucoup le cortége, mit fin aux conversations. Chacun réfléchit, en aparté, sur le singulier avis du bûcheron. Les dispositions des habitants, à la sortie du village, n'avaient pas paru des meilleures. Que s'était-il passé depuis?

Les promeneurs hâtèrent le pas. Ils eurent bientôt traversé la forêt. En débouchant sur la route, ou plutôt dans la rue, ils virent les villageois aller et venir avec animation, puis se former en groupes devant leurs maisons.

—Que signifie ce rassemblement? s'écria l'oncle Nicolas en s'avançant vers les groupes. L'ennemi est-il à nos portes?

Les villageois interpellés s'entre-regardèrent sans répondre, puis ils se dispersèrent.

De l'autre côté du chemin, Antoine n'était pas plus heureux: il demanda les motifs du rassemblement; on ne lui fit que des réponses évasives. L'attitude des habitants n'était pas, du reste, celle du défi ou de l'insulte; le plus grand nombre avait l'air soucieux.

Le cousin Gaillard, témoin du peu de succès des tentatives de pourparlers d'Antoine et de l'oncle Nicolas, voulut se mettre de la partie.

—Eh mais, ils lèvent comme des volées de canards sauvages quand on les approche, dit-il. Voyons donc, voyons donc! seraient-ils vraiment retournés à l'état de nature?

Il alla vers un groupe.

—Holà ! Hé! mes amis, s'écria-t-il, savez-vous la nouvelle? On a formé le projet de transporter nos montagnes de l'autre côté du Rhin.

On ne lui répondit pas; mais les visages exprimèrent la surprise et l'inquiétude.

—Je me trompais, se dit Gaillard; ils ne sont pas changés.

Le maître d'école, n'obtenant pas de réponse à ses questions, revint bouleversé de colère.

—Sur mon âme, s'écria-t-il d'un ton tragique, il me semble que je voyage dans les champs Élyséens, au milieu d'ombres. C'est une conjuration !

En approchant de la ferme, Gaillard aperçut Pillou qui cherchait à se cacher derrière les groupes.

—Si c'est une conjuration, dit-il, en voici le chef!

—Ah ! c'est toi le Catilina? fit le maître d'école en allant à l'usurier avec vivacité. Eh bien, va te coucher, je te le conseille !

—C'est bon, c'est bon, monsieur Patoche, répondit Pillou en regardant Antoine avec un méchant sourire, rira bien qui rira le dernier.

IX

L'explication du sourire de M. Pillou.

Antoine, étant avocat, avait eu occasion de défendre devant les tribunaux un malheureux paysan poursuivi par des créanciers trop avides; il l'avait fait avec succès; d'autres victimes étaient alors venues lui confier leurs causes.

Généreux et droit de caractère, incapable de refuser l'appui de son talent, et prompt à se révolter contre l'injustice, Antoine avait été, de cette façon, institué par les circonstances le défenseur d'office des pauvres campagnards que rongeait l'usure.

L'examen de leurs affaires lui avait révélé la

profondeur du mal. Il y avait vu qu'une partie de la population, la partie laborieuse et féconde, était dévorée sans merci par quelques parasites.

De ce moment, saisi de pitié pour les abeilles, et d'indignation contre les frelons, il s'était voué de tout cœur, avec une abnégation passionnée, à la destruction du fléau. Il y avait consacré son temps, ses forces, son talent; ses succès lui avaient acquis un renom redouté, et créé, il faut bien le dire, plus d'ennemis implacables que d'amis sûrs.

Les bonnes gens qu'il arrachait aux ongles des usuriers lui étaient reconnaissants pendant un jour, les usuriers condamnés lui vouaient une haine éternelle; les uns étaient disposés à le défendre à la manière des moutons, les autres à le déchirer à la façon des loups.

Antoine n'avait pas rencontré Pillou sur son chemin, mais des compères de cet industriel, attaqués par le généreux avocat, avaient été contraints de rendre gorge.

Pillou avait perdu de cette manière des gains non moins importants qu'illicites. Lui-même avait été condamné à la prison, non pas, il est vrai, sur les plaidoieries de Bruno, mais par le tribunal où

Bruno était entré depuis en qualité de juge, et dont il était devenu président.

Il y avait dans tout cela plus de mauvaises raisons qu'il n'en fallait pour justifier une bonne haine de la part d'un homme du caractère de Pillou.

Cette explication donnée, nous reprenons notre récit.

X

Le tribunal de famille.

Une voiture avait amené la famille Delaroche. A peine rentré de la promenade, M. Delaroche ordonna d'atteler pour le départ.

Il ne paraissait pas enchanté de sa visite ni des observations qu'il avait pu faire.

Gustave, sincèrement attaché à Guillemette, et plein d'estime pour Antoine, chercha vainement par de bruyantes démonstrations d'amitié envers la famille Bruno, et par des réflexions gaies sur les incidents de la journée, à dissiper la froideur de son père, ou du moins à en atténuer les effets.

Léonie souriait du bout des lèvres, et des larmes

perlaient dans les yeux de Guillemette. Mathurin et Madeleine avaient l'air stupéfait. Antoine semblait obsédé d'une inquiétude douloureuse. Il n'y avait guère que Claude dont la bonne humeur ne parût pas altérée; mais le brave enfant dissimulait son chagrin, dans la crainte d'augmenter les soucis de son frère aîné.

Les deux familles se séparèrent sans qu'on eût parlé mariage.

—Enfin, dit Antoine, après le départ des visiteurs, je vais savoir la vérité. Où est Pierre?

Pierre se tenait dans un coin de la salle, silencieux et inaperçu.

Assis sur un banc, sombre, pâle, le front courbé, et comme écrasé sous le poids d'une souffrance mystérieuse, il ressemblait à la statue de Garraud personnifiant le Remords.

Il se leva et alla se placer devant Antoine, les lèvres serrées, les narines frémissantes, le regard plein d'un dédain farouche.

—La vérité! s'écria-t-il d'une voix rauque et tremblante, je vais la dire. Aussi bien il y a trop longtemps qu'elle m'étouffe; j'y succomberais!

—Je la lis sur ta figure et dans l'expression de ton regard, Pierre, dit Antoine avec une profonde tristesse. La rumeur qui t'accuse ne se trompe donc pas?

—Ce n'est pas ça! répliqua Pierre en frappant du pied.

—Parle alors. Dis-nous que tu es resté le digne fils de notre père, que tu as respecté ses cheveux blancs et conservé pur de tache le nom de la famille, notre nom à tous...

Le père Mathurin et Madeleine, inquiets et troublés de la solennité de ce début, s'assirent l'un près de l'autre, écoutant et regardant attentivement.

L'oncle Nicolas était rentré dans son école, et le cousin Gaillard dans sa boutique. Les seuls Bruno étaient présents dans la salle. Guillemette et Claude prirent des siéges et se placèrent aux côtés des vieillards. Antoine et Pierre restèrent debout.

—Explique-toi, reprit Antoine. Comment ces bruits, qui attaquent notre honneur, ont-ils pu se répandre?

—J'ai promis de le dire, et je le dirai, répondit Pierre. Ah! tu veux le savoir? Eh bien! c'est parce que mon père, poursuivit-il d'une voix lente et altérée, oubliant qu'il avait plusieurs enfants à nourrir, plusieurs enfants à élever, a sacrifié son bien et le produit de son travail pour un seul!... Celui-là est devenu un avocat, un savant, tandis que les autres restaient dans l'ignorance et la pauvreté, et que le bien de la famille se consumait. N'est-ce pas vrai, ça?

—Non, c'est faux! Tu as menti! s'écria Mathurin en se levant avec emportement.

—De grâce, mon père, restez assis, dit Antoine, et permettez à Pierre de continuer.

—Je ne sais pas parler, moi, reprit Pierre. Je ne suis point un avocat! Je dis ce qui m'étouffe; je le dis comme je le peux. Et il est temps que ça finisse! J'en ai la poitrine rompue et la tête cassée. J'en deviendrai fou, voilà! Je disais donc que de son bien mon père avait fait un avocat. Je ne le lui reproche pas, non; mais je le dis parce que c'est vrai, et qu'il n'est pas juste que le malheur me retombe sur les épaules. Chacun sa part. La mienne est déjà trop lourde; elle m'écrase. Mais c'est la conséquence: les affaires n'allant pas, à la fin des fins, on a été obligé d'avoir recours à M. Pillou.

—A M. Pillou? s'écria le père Mathurin en se levant de nouveau. Cela n'est pas! nous ne devons rien à M. Pillou!

—Nous lui devons ce que je lui ai emprunté en

votre nom, mon père, et pour le bien de la famille.

—Je ne connais pas M. Pillou, moi ; je ne connais pas les usuriers !

—J'ai fait ces emprunts pour le bien de la famille, je vous le répète, et en vertu des pouvoirs que vous m'avez donnés.

—Je ne reconnais pas ça ! Je ne dois rien à M. Pillou !

Pillou était l'épouvantail des cœurs honnêtes et des bourses économes.

—Nous examinerons cette affaire, dit Antoine. Pierre voudra bien me communiquer les papiers.

—Pierre est un mauvais fils, un mauvais frère ! s'écria Mathurin avec une animation douloureuse. Il est jaloux de toi, Antoine. C'est un cœur envieux, un orgueilleux, il n'aime ni son père, ni sa mère ; il n'aime personne. Il nous a ruinés ; il est né pour notre malheur !

—Non, non, cher père, ne croyez pas cela, répondit Antoine d'un accent ému. Pierre vous aime autant que nous vous aimons.

En même temps, il tendit la main à Pierre, tandis que Claude et Guillemette se levaient d'un air chagrin, comme pour aller l'embrasser. Madeleine protestait aussi, par sa tristesse, contre les dures paroles du vieillard. Mais Pierre ne prit pas la main d'Antoine; il repoussa les caresses de Claude et de Guillemette. Un sourire plein d'amertume contractait ses lèvres.

—C'est ma récompense ! dit-il.

—Nous ne devons rien à M. Pillou ! répéta Mathurin, préoccupé d'une seule idée. Nous ne le payerons pas ! La justice sera pour nous !

—Mon père, dit Antoine, la justice sera du côté du droit. Si M. Pillou a prêté des fonds, il faudra les lui rembourser.

—Oui, dit Pierre, ou il se remboursera lui-même en faisant vendre cette maison.

—Vendre ma maison ? s'écria Mathurin indigné. Ah ! méchant fils, tu veux donc me tuer ?

—Je ne voulais rien vous dire. N'ai-je pas tout tenté pour conserver votre repos ? Dieu merci, je sais ce qu'un fils doit à un homme de votre âge. Je m'étais chargé de vos affaires ; c'était bien lourd ; néanmoins, j'espérais ne pas succomber... Mais les embarras se sont accrus. Mon travail n'a pas suffi à la tâche. J'y consacrais mes jours, je voulus y consacrer mes nuits ; j'y donnais mes sueurs, je voulus y donner mon sang !...

—Je vois ce que tu as fait, dit Antoine accablé.

—Tu le vois, reprit Pierre, et tu ne l'aurais pas fait à ma place? Et pourtant l'on m'accuse! on dit que je n'ai pas de cœur! Mais ma conscience ne me fait pas de reproches. Oui, j'ai du cœur, je le sens bien, moi!

—Qu'est-ce que tu as fait, malheureux? demanda le père Mathurin avec frayeur.

—Il y a des fils qui vous auraient laissé chasser de chez vous et périr de froid et de faim au milieu des champs, en vous disant de belles paroles pour s'excuser et vous consoler. Eh bien! moi, je n'ai pas fait ça, et je m'en vante, et j'en suis fier, tant pis!

—Qu'est-ce que tu as fait? répéta Mathurin tremblant.

—J'ai pris des sacs, mon fusil, et j'ai dit à petit Claude :

« As-tu du courage, petit? Aimes-tu ton père, ta mère et Guillemette? Voudrais-tu exposer pour eux ta vie, plus que ta vie, ta liberté, ton honneur? »

Il m'a répondu :

« Oui, » le brave enfant!

Alors je lui ai dit :

« Viens! »

Et nous avons traversé les montagnes ensemble. Et nous sommes allés chercher à l'étranger des dentelles, des montres, des étoffes. Nous avons rapporté le tout ici, pendant la neige, poursuivis par les chiens et les coups de fusil des douaniers. Voilà ce que j'ai fait !

Il redressait la tête, et considérait son frère aîné avec un orgueil sauvage.

—Tu as mal fait, Pierre, dit Antoine d'un ton sévère. Tu as commis un acte coupable. En vain tu parles de nécessité : il n'est pas de nécessité qui puisse excuser le mal ; tous les méfaits se justifieraient ainsi, et la loi ne serait plus qu'un mot. Claude, poursuivit-il, tu vas réunir ces objets de contrebande, les charger sur ton âne, et les transporter à l'instant même au bureau des douanes.

—Mais on les confisquera, dit Pierre étonné de cet ordre.

—Je le sais.

—Mais ils ont été achetés et payés.

—Il n'importe ! Va, Claude, et dépêche-toi, comme si le feu était à la maison.

Claude sortit.

—Ah ! c'est ainsi qu'on agit ! dit Pierre avec une profonde amertume. C'était bien la peine de nous exposer aux coups de fusil ! Cette nuit-là, vous dormiez, mon père ; et toi, Antoine, tu faisais danser de belles jeunes filles. On me blâme ! On peut toujours blâmer, ajouta-t-il. Mais dire que je n'ai pas de cœur ? Non, non, cela n'est pas, c'est faux !

—Et moi, je dis que c'est vrai ! s'écria le père Mathurin en se levant grave et pâle comme la Vengeance. Je dis que celui-là n'a point de cœur qui se déshonore, qui déshonore sa famille ! C'est ce que tu as fait, Pierre ! Maintenant, je comprends les outrages de la rue ; je comprends que les honnêtes gens se soient détournés de nous. Ah ! mieux valait cent fois me laisser manquer d'abri et de pain ! Tu as flétri mes vieux ans. Va ! je te renie, tu n'es plus mon fils !

Et le malheureux vieillard étendait ses mains comme pour maudire. Mais Antoine se jeta devant lui.

—Au nom du ciel, arrêtez, mon père ! s'écria-t-il. Pierre a compris l'erreur de sa conduite, ne frappez pas le repentir !

—Non, non ! répondit Mathurin, que retenaient Madeleine et Guillemette. N'a-t-il pas dit qu'il était fier de ce qu'il avait fait ? Il recommencera.

Laissez-moi le chasser! Laissez-moi le maudire!

—Mon père, de la pitié! dit Guillemette en larmes.

—Voulez-vous donc me tuer? s'écria Madeleine.

Pierre, épouvanté de cette terrible scène, sortit de la salle et s'enfuit.

Antoine, redoutant un acte de désespoir, s'élança sur ses pas.

XI

Le puits de Rize.

Les craintes d'Antoine étaient fondées.

Pierre se trouvait dans un état d'irritation et de découragement mortel. Faible de jugement, il sentait les notions du juste et de l'injuste se brouiller dans son esprit en délire. Pierre, aveuglé par la jalousie et dominé par l'orgueil, n'avait pas voulu consulter son frère aîné pour la conduite des affaires de la maison ; il avait prétendu les diriger seul.

Quand les embarras étaient venus, la honte d'avoir à confesser son impéritie l'avait éloigné plus encore d'Antoine. Il l'avait alors accusé mentalement des malheurs de la famille, exagérant les sacrifices faits à son sujet par Mathurin. Il ne se rappelait pas, ou se dissimulait à lui-même, qu'Antoine étant avocat, avait envoyé à son père une bonne part de ses recettes. Cela ne constituait pas, il est vrai, de bien fortes sommes ; néanmoins ces sommes dépassaient de beaucoup les dépenses de son éducation.

Tombé dans les griffes de Pillou, Pierre avait tout tenté pour en sortir. C'était un homme laborieux et énergique ; il travaillait avec une ardeur infatigable. Malheureusement, les bras étaient chez lui plus vigoureux que ne l'était la tête ; l'intelligence ne se trouvait pas en rapport avec la force physique. Ses travaux étaient mal entendus, et il en perdait le plus souvent les fruits.

A bout de ressources, Pierre avait conçu les expéditions coupables où il avait entraîné Claude. Ce qui l'atterrait, ce qui confondait toutes ses idées, c'était d'entendre blâmer sa conduite par ceux-là mêmes pour lesquels il s'était exposé aux plus graves dangers.

— C'était donc là sa récompense ! comme il ledisait.

On n'avait que des éloges pour Antoine, dont l'existence était facile et brillante ; et lui, qui se consumait péniblement dans d'obscurs labeurs, on l'accablait de sanglants reproches, on le maudissait !

Il était désespéré.

La vie, dans ces conditions, lui paraissait un insupportable fardeau. Poursuivi par la réprobation de tous, ne trouvant d'appui nulle part, accusé de s'être déshonoré quand il avait cru se dévouer, d'avoir déshonoré sa famille quand il avait affronté la mort pour la sauver de la ruine, il voulait en finir !

Au moment où il sortait de la ferme, la nuit commençait à tomber. Il se dirigea du côté de la montagne, et prit le chemin du puits de Rize.

Ce puits était un gouffre profond, dans lequel un torrent venait s'engloutir. Il était situé à peu de distance du village, mais, pour y arriver, il fallait escalader une côte abrupte.

Au versant de cette côte, à mi-chemin d'un vallon désert, on apercevait un entassement de rochers d'un aspect sauvage. Quelques chênes rabougris, aux rameaux tourmentés, indiquaient de loin ce lieu sinistre. Le torrent tombait dans le gouffre d'une grande hauteur. Précipité par la déclivité du sol, il se détachait du sommet de la montagne, formait une arcade transparente, et disparaissait dans l'abîme. Ce qu'il y avait d'effrayant, c'est que cette chute d'une énorme nappe d'eau ne faisait pas de bruit, n'éveillait nul écho, tant le puits était large et profond. Un murmure, triste comme les dernières plaintes d'un mourant, s'échappait de l'ouverture béante, mais pour l'entendre il fallait se pencher sur le bord.

Ce puits avait sa légende, légende funèbre et remplie de terreur. On racontait qu'un frère s'y était jeté après avoir tué son frère : de là le surnom de puits de Caïn sous lequel on le désignait également.

C'était vers ce lugubre endroit que Pierre se dirigeait.

Il courait, les cheveux au vent, pâle, haletant, fou de douleur. Le désespoir égarait sa raison. Il accusait son père, ses frères et surtout Antoine d'ingratitude pour ses services, et de haine. On le haïssait, on le repoussait, on tournait contre lui ses meilleures actions, on lui en faisait un crime ! Ses travaux, son dévouement, on ne lui en tenait pas compte ; on les interprétait méchamment. Pour lui seul on se montrait injuste et cruel !

Eh bien ! il allait combler les vœux de ses persécuteurs, et en finir avec ses tourments : il allait mourir !...

La fièvre de ses pensées précipitait ses pas.

Antoine le voyait paraître et disparaître au loin, suivant les sinuosités de la route ; le malheureux avait sur lui une grande avance. En vain il l'appelait, en vain il le suppliait de s'arrêter, de revenir : ses cris et ses supplications n'étaient pas entendus ou ne trouvaient plus l'accès du cœur de Pierre.

Le pauvre insensé courait toujours.

Les habitants de la vallée étaient rentrés dans leurs demeures. Quelques-uns seulement remarquèrent, au milieu de l'obscurité du soir, la poursuite éperdue des deux frères.

Si Antoine était admiré des villageois, ses compatriotes, les événements de la journée avaient fait voir que cette admiration n'était pas à toute épreuve.

Avons-nous besoin d'expliquer le revirement de la foule en ce qui le concernait ? Ne sait-on pas que toute supériorité humilie, qu'après l'exaltation vient le retour sur soi-même, et que ce retour engendre toujours un sentiment vil, le sentiment de l'envie ? qu'on cherche des taches au soleil, et qu'on découvre avec une satisfaction méchante dans l'homme supérieur les infirmités par lesquelles il tient au vulgaire ?

Or, l'infirmité de Bruno, c'était sa naissance, c'était la pauvreté de sa famille, c'était son frère accusé de contrebande ; et la foule, après l'avoir acclamé, lui avait dit par son silence forcé :

« Nous nous souvenons que tu es sorti de la poussière ; ne l'oublie pas ! »

Les villageois, témoins de la fuite de Pierre, poursuivi par Antoine, en répandirent aussitôt la nouvelle.

Cette nouvelle arriva aux oreilles de l'oncle Nicolas et du cousin Gaillard. Ils s'armèrent de torches, et prirent le chemin de la montagne. D'autres habitants se joignirent à eux, moitié par curiosité, moitié par intérêt.

En peu de moments, on vit courir sur les sentiers la rouge lueur des torches. On eût dit des feux follets gravissant les rochers, puis se perdant au fond des ravins pour reparaître bientôt plus brillants dans les ténèbres.

—Que se passe-t-il encore, nom de nom ! dit le maître d'école au cousin Gaillard. La fatalité antique s'en mêle ! ma parole d'honneur !

—C'est aussi mon avis! La fatalité antique est une vieille scélérate qui se mêle de tout, même de faire déraisonner les modernes, répondit l'amer épicier.

Antoine, malgré l'obscurité, n'avait pas perdu les traces de Pierre.

Familiarisé dès l'enfance avec la montagne, il en connaissait tous les sentiers, et, en voyant Pierre prendre le chemin du puits de Rize, il avait deviné son funeste projet.

Cependant il était à craindre qu'il ne l'atteignît pas, ou qu'il n'arrivât trop tard pour empêcher un malheur. Il courait avec un élan qui pouvait lui devenir mortel à lui-même, car à chaque instant des fondrières s'ouvraient sous ses pieds.

Un moment, au détour d'une roche, il aperçut Pierre à la clarté de la lune.

Le malheureux descendait le versant du coteau avec une rapidité folle, et se dirigeait vers le gouffre, marqué par la silhouette noire des chênes.

Antoine poussa un cri de désespoir, et se jeta dans une gorge profonde qui devait abréger le chemin.

Au sortir de cette gorge, il ne vit plus son frère...

Il s'avança sur le bord du puits...

Mais il n'entendit que la voix de l'abîme, faible et triste, avons-nous dit, comme la plainte d'un mourant...

XII

M. Pillou.

Antoine retourna à la ferme accablé de douleur.

A son arrivée, Mathurin et Madeleine, épuisés par les fatigues de la journée et succombant au sommeil , ne remarquèrent heureusement ni le trouble de ses yeux ni l'altération de son visage. Il ne lui fut pas difficile de les rassurer sur le sort de Pierre. Mais Guillemette, au tremblement de sa voix, aux signes muets de son désespoir, devinant une catastrophe, fondit en larmes.

Claude n'était pas rentré. Il ne revint que très-tard, et quand déjà Antoine commençait à s'inquiéter de son absence.

Le brave enfant arriva d'un air joyeux, en sifflant comme un merle. Il s'était acquitté de sa commission avec habileté et bonheur.

—Tiens! Guillemette qui pleure! dit-il étonné. Pourquoi donc? Est-ce qu'il y a quelqu'un de malade ici? Non. Eh bien! réjouissons-nous alors. J'apporte de la joie plein mes poches!

En vain Antoine et Guillemette lui disaient à demi-voix de se taire : il ne paraissait pas les comprendre.

—Voici d'abord un cadeau pour Guillemette, poursuivit-il en tirant de sa poche une boîte enveloppée d'un papier de soie.

Guillemette prit la boîte et la présenta à Antoine. Celui-ci l'ouvrit. C'était un écrin contenant une jolie parure de jeune fille : boucles d'oreilles, bracelet et collier de perles. Un billet était joint au cadeau.

—Excellent et généreux ami! murmura Bruno après avoir pris connaissance du billet. Mais nous ne pouvons accepter tes dons!...

On devine quel était ce généreux ami. C'était Gustave.

Il n'avait pas osé offrir son présent devant M. Delaroche, dont les mauvaises dispositions l'inquiétaient. Et il n'avait pas voulu le remporter.

—Voilà pour toi, Antoine, continua Claude en tirant une lettre de son autre poche. C'est ton cadeau. Celui qui me l'a remis est un petit vieux bonhomme à l'air dur et rusé. Il m'a rudement savonné la tête. Il m'a menacé de me faire fusiller à l'occasion. Je pense que tu seras content.

En effet, à la lecture de la lettre, le pâle visage d'Antoine se teignit d'une vive rougeur ; ses yeux sombres et humides de larmes, étincelèrent; le poids qui écrasait sa poitrine parut se dissiper. Il respira. Il attira Guillemette dans ses bras et l'embrassa avec effusion. La jeune fille, devant ces marques de la satisfaction et de la tendresse de son frère, reprit confiance; ses pleurs se séchèrent, sa douce figure s'épanouit de joie.

Le lendemain, Mathurin et Madeleine, surpris de ne pas voir paraître Pierre, questionnèrent Antoine, Guillemette, Claude, tous les habitants de la ferme. Claude et Guillemette ne savaient que penser; Antoine fit des réponses évasives.

—Pierre reviendra, dit-il, ne vous tourmentez pas.

Malgré cette assurance, les deux vieillards étaient inquiets. Mais ils observèrent Antoine, et, ne remarquant sur son visage aucune trace de chagrin, leurs craintes s'éteignirent peu à peu.

Dans le village, on ne parlait que de la course aux flambeaux de la nuit.

Bientôt on connut la mystérieuse disparition de Pierre. Un fleuve de commentaires courut alors d'un bout à l'autre du pays, entraînant et submergeant dans la vase de suppositions malveillantes ce qui restait de l'estime acquise à la famille Bruno. On plaignit Pierre, afin d'avoir le droit d'accuser son frère, le président.

Antoine, ayant à cœur de régler les affaires de la maison, envoya chercher Pillou, le fit monter dans sa chambre et s'y enferma avec lui.

—Eh bien! eh bien! qu'est-ce que j'entends raconter? dit l'honnête usurier en souriant méchamment, que le pauvre Pierre s'est jeté dans le puits de Rize? Est-ce possible?...

Peut-être nous reprochera-t-on de ne pas avoir fait connaître suffisamment l'intéressante personnalité de M. Pillou. C'est que vraiment la tâche est difficile. M. Pillou était un de ces êtres malfaisants, se tenant enveloppés de nuages, à l'exemple des Euménides païennes.

Buffon eût reconnu en lui un bimane de grande

taille, sec, anguleux, pointu, velu, bruni, durillonné, participant de la nature hybride des satyres, moitié homme des villes, moitié homme des bois.

Il avait le nez en forme de bec de chat-huant, petit et recourbé. Le bout de ce nez était tranchant comme une lame de couteau. Ceux qui embrassaient l'homme, — si jamais quelqu'un se trouvait assez abandonné du ciel pour être obligé d'embrasser M. Pillou! — devaient craindre d'avoir le visage fendu par cet appendice d'oiseau de proie. Une paire d'yeux ronds, gris, clignotants; un front bas, une bouche perpétuellement ornée du même sourire faux, plein de malice et de méchanceté, caractérisaient la physionomie du personnage.

Le costume de M. Pillou était en rapport avec son individu.

Ce n'était ni le vêtement du paysan ni l'habit du citadin; c'était l'un et l'autre, le terme moyen entre les deux. Il avait aux pieds de fortes bottes à l'épreuve de la fatigue; il portait un pantalon de gros drap brun, et non les culottes courtes de l'habitant des montagnes. Un gilet long, de couleur rouge, et par-dessus le gilet une espèce de houppelande noire, à larges pans, et qu'il pouvait boutonner jusqu'au menton complétaient son habillement.

Quant à son âge, c'était un de ses secrets. Il n'avait pas d'âge, ou pour mieux dire on n'apercevait en l'examinant aucun signe révélateur d'un âge quelconque. On pouvait lui donner de trente à cinquante ans.

Mais ce qui était manifeste, c'était son énergie, sa vigueur, sa ruse, son audace; cela perçait dans ses gestes, dans ses regards, dans le son de sa voix.

De métier, on ne lui en connaissait pas.

Il n'était ni cultivateur, ni marchand, ni propriétaire, bien qu'il eût l'air d'être tout cela en même temps. En effet, il avait des champs, il louait des maisons, il vendait et achetait.

Quelle était la provenance de ses marchandises? On l'ignorait.

On disait pour l'expliquer,—on disait bien bas,—qu'il entretenait des relations avec les fraudeurs, que lui-même ne dédaignait pas de courir les hasards nocturnes du commerce interlope.

S'il criait bien fort, s'il dénonçait les contrebandiers, c'était,—ajoutait-on,—afin de donner le change aux surveillants, à l'exemple du renard qui, pour éloigner le danger, fait lever quelque pauvre gibier dont les limiers prennent la piste.

On disait bien d'autres choses encore !...

Ce qu'il y avait de certain, c'est qu'il prêtait à usure, c'est qu'il était craint dans le pays, c'est qu'il avait excité la rumeur publique contre le malheureux Pierre.

Un véritable coup de maître ! Une bonne représaille ! compromettre le frère d'un avocat qui lui avait fait perdre de l'argent !

Comment avait-il connu les déplorables équipées de Pierre ? Peut-être grâce aux relations qu'on l'accusait d'entretenir parmi les coureurs des montagnes.

—Monsieur Pillou, lui dit Antoine d'un ton froid et grave, je regrette que mon frère ait eu l'imprudence de nouer des affaires avec vous.

—Eh bien, moi, je ne le regrette pas, monsieur, répondit l'usurier en grimaçant un sourire. C'est un honneur, un grand honneur, dont aujourd'hui j'apprécie plus que jamais l'avantage.

Il s'inclina

—Ce pauvre Pierre, continua-t-il, les yeux attachés au visage de son interlocuteur, il a eu une fin bien malheureuse! Certes il ne méritait pas cela. Ce n'était pas un homme...

—Monsieur, interrompit Antoine en allant prendre des papiers dans une armoire, j'ai examiné vos comptes ce matin.

—Et vous les avez trouvés justes? Oh! je ne trompe pas, moi. Ce que j'ai dans le cœur, je le porte sur ma figure... Je disais que ce pauvre Pierre n'avait pas la tête très-forte. Il a agi plutôt par faiblesse et par entraînement que par vice. Il a commis un acte coupable avec innocence, on peut le dire. Aussi, je le répète, il ne méritait pas cette mort affreuse. Pour moi, c'est un deuil...

Pillou ne détachait pas son regard acéré de la figure d'Antoine, cherchant à y découvrir l'effet produit par ses condoléances. La physionomie du frère de Pierre demeurait impassible.

—C'est bien étonnant, se disait l'usurier; pas même l'apparence de la douleur. Il ne feint pas au moins, celui-là!

Antoine feuilletait les papiers avec attention.

—Oh! vous pouvez compter et recompter, c'est juste comme le trébuchet d'un changeur, comme la balance où seront pesées nos bonnes et nos mauvaises actions.

—Monsieur Pillou, répondit Antoine en relevant la tête, vous avez abusé de l'ignorance et de la faiblesse de Pierre.

—Ah ! fit le marchand d'argent un peu interdit.

—Monsieur Pillou, continua Bruno plus sévèrement, si je livrais ces papiers à un tribunal, vous seriez infailliblement condamné.

—Vous ne parlez pas sérieusement, dit Pillou en essayant de sourire.

—Je parle sérieusement, monsieur, et si vous refusez la rectification de ces comptes, je vous poursuivrai.

—Tout le monde peut poursuivre, monsieur; une poursuite ne prouve rien. Il faut une condamnation.

—Cette condamnation est certaine.

—Peut-être vous trompez-vous. Une partie est mauvais juge dans sa propre cause.

—Je ne me trompe pas.

Pillou n'avait pas affaire au malheureux Pierre pour lequel il avait préparé ses comptes. Aussi ne se sentait-il pas très-rassuré, et dans ce moment il regrettait bien sincèrement celui que l'on disait tombé dans le gouffre de la montagne.

—Quel malheur! dit-il, répondant à ses propres pensées; c'était un brave homme, celui-là! rond en affaires et point chicanier. On pouvait avoir confiance en lui.

—Monsieur! fit Antoine irrité.

—Pardonnez-moi, monsieur, dit l'usurier avec componction; je parlais de votre frère. Je ne pensais pas que son éloge vous fût désagréable.

—Finissons!

—Comme vous le voudrez.

—Monsieur, dit Antoine, vous avez calculé l'intérêt des sommes prêtées à six pour cent.

—Ce n'est pas trop.

—Six pour cent par mois, monsieur.

—Puisque je prête au mois; c'est l'usage du pays.

—En outre, quand ces intérêts ne vous sont pas payés, vous les capitalisez au mois le mois, et vous en tirez des intérêts, qu'à défaut de payement vous capitalisez encore de la même façon, et toujours ainsi.

—N'est-ce pas juste, quand on ne paye point aux échéances? L'argent ne doit pas dormir, ça doit toujours travailler.

—En somme, cela fait de l'argent prêté à environ cent pour cent... Ce n'est pas tout. Vous avez fait intervenir dans ces emprunts, à titre de conseils, MM. Nathan et Malot, vos compères, qui ont perçu chacun un droit de deux pour cent; vous avez livré les prêts, non en espèces, mais en effets à échéances de trois, six et neuf mois, que M. Malot a escomptés, moyennant six du cent...

—Les affaires de M. Malot ne me regardent pas.

—Vous avez fait dresser les obligations par M. Nathan, l'autre compère, qui, en sus des frais, a touché pour ce travail une indemnité de quatre pour cent sur les sommes engagées...

—Est-ce tout? demanda l'usurier qui, voyant toutes ses petites ruses de métier découvertes, frémissait de colère.

Il souriait néanmoins, mais comme sourit Shylock songeant à se payer avec la chair de son débiteur.

—Est-ce tout? répéta-t-il.

—Non, ce n'est pas tout, répondit Antoine. Vous êtes plus fort que cela. Pierre ne pouvant pas s'acquitter, vous avez exigé, sous la menace de saisir la maison, qu'il vous souscrivît une obligation surchargeant d'un quart le montant de sa dette.

—Cela n'est pas! cela n'est pas! s'écria Pillou dont les yeux lançaient des éclairs.

—En voici les preuves : une lettre de vous, une lettre de Pierre.

L'usurier, tremblant de rage, fit un mouvement comme pour s'emparer des lettres; mais Antoine lui arrêta le bras.

—En résumé, monsieur, poursuivit-il, votre argent reviendrait à plus de trois cents pour cent; j'en ai fait le calcul; et mon frère vous a déjà remboursé une somme double de celle que vous lui avez prêtée : cela me paraît suffisant. Devant les tribunaux, vous seriez condamné à restitution, à l'amende et à la prison.

—En sorte que...?

—En sorte que je vous conseille de sortir de cette maison, continua Bruno d'un ton sévère, de n'y plus rentrer et de vous amender.

—Ah! c'est comme ça que l'on paye ses dettes ici! fit Pillou avec un cri de bête fauve. Eh bien! nous verrons!

Il se dirigea vers la porte, et, s'arrêtant, il se retourna.

—Ah! ah! ah! poursuivit-il en éclatant de rire. On jette son frère dans le puits de Caïn, et l'on renie les dettes de la maison ; c'est un moyen de s'enrichir. Nous verrons! nous verrons!

Il sortit.

Ses outrages et ses menaces n'avaient eu d'autre effet que d'amener un sourire de dédain sur les lèvres d'Antoine.

XIII

Projets de fortune.

Après le départ de Pillou, Antoine appela Claude. L'enfant était en train de travailler dans la grange avec Guillemette. Il accourut.

Antoine éprouvait pour son jeune frère, comme pour Guillemette, une affection en quelque sorte paternelle.

Claude était, comme sa sœur, doux et aimant, toujours gai, un peu léger peut-être et trop facile à se laisser entraîner, mais brave, franc, infatigable à l'ouvrage. Antoine avait confiance en son avenir. C'était, dans sa pensée, l'arbrisseau qui devait couvrir un jour les vieux parents de son ombre amie ; c'était lui qui les défendrait contre les soucis et les maux de la vieillesse.

—Claude, lui dit-il d'un ton affectueux et grave, tu vois par l'exemple de Pierre où peut mener une mauvaise action ? Bien que tu aies pris part à son entreprise coupable, je ne t'ai pas adressé de reproches ; tu as du cœur, et les regrets, le remords, la honte t'ont puni, je pense, plus que ne l'aurait fait mon blâme.

Claude était pâle, puis il devint rouge, changeant de nuance à chaque phrase, à chaque mot, avec une rapidité de cent nuances différentes à la minute. Il devait avoir la fièvre.

—Pauvre Pierre ! dit-il en baissant les yeux. Je t'assure, Antoine, qu'il a été bien malheureux, qu'il souffrait beaucoup. Il ne comprenait pas tout le mal de cette affaire, ni moi non plus ; c'est le mauvais sort qui nous a poussés là. J'en ai eu tout de suite bien du regret.

—Tu es incapable de recommencer, je le sais.

—Oh ! plutôt mourir !

Antoine n'avait pas besoin de cette protestation pour être persuadé que Claude ne recommencerait pas, fût-ce au prix de sa vie.

—J'ai confiance en toi, répondit-il. Mais il ne

suffit pas d'éviter le mal, mon ami; il faut faire le bien. Tu as dix-sept ans, tu es grand, tu es fort, tu es un homme. Je ne puis rester ici, moi, tu le sais; mes occupations sont ailleurs. Il faut qu'à l'occasion tu deviennes le chef de la maison, soignant nos père et mère, protégeant ta sœur et dirigeant les travaux.

Claude promit avec chaleur son entier dévouement, priant son frère de le mettre à l'épreuve. Antoine l'emmena alors du côté de la forêt.

Il avait réfléchi sérieusement au projet formé la veille, d'établir sur la rivière qui traversait le bois une scierie mécanique. Il voyait dans l'exécution de ce projet une source de fortune rapide; et tirer ses vieux parents du besoin, arracher ses frères aux tentations de la pauvreté, en leur procurant un travail d'un bon rapport, tel était son désir le plus ardent.

Antoine n'était pas seulement un homme d'intelligence, c'était aussi un homme d'action. D'ailleurs, il avait peu de temps à rester à Rize; son congé expiré, il devait retourner à la ville.

Dès le soir, il acheta une construction située au bord de la rivière, et à laquelle il se proposait de relier l'usine. Cette construction, convenablement appropriée, pouvait servir de lieu d'habitation. Des ouvriers furent engagés; le lendemain, de grand matin, ils se mirent à l'ouvrage.

Antoine, levé au chant du coq, quitta la ferme pour aller surveiller et diriger les travaux; il se fit accompagner de Claude. En peu de jours on vit s'élever sur la rivière la cage de l'édifice qui devait contenir la scierie. Claude était émerveillé. L'oncle Nicolas et le cousin Gaillard vinrent visiter le futur établissement; après eux, Mathurin, Madeleine et Guillemette, puis tout le village.

—Ah! ah! disait le maître d'école avec fierté, mon neveu ne se contente pas de faire la gloire de son ingrate patrie, il veut l'enrichir. C'est bien! c'est bien!

—C'est en effet une bonne idée, répondit Gaillard. Le bois pourra être convoyé sur la rivière jusqu'à la Moselle. On le distribuera ensuite dans toutes les villes riveraines. Parfait! parfait! C'est une bien bonne idée! Ah! le cousin Antoine a une fière tête!

—Une tête de génie! dit le grand orateur Nicolas. Et le génie est comme le soleil, il féconde tout!

Parmi les villageois, l'admiration était moins

expansive. Les uns paraissaient saisis d'étonnement; chez d'autres, la médisance se donnait carrière. Pillou et ses compères opéraient à la manière du fiel ou du vinaigre dans une jatte de lait; ils aigrissaient par leurs sarcasmes et leurs calomnies le grossier amour-propre du paysan; ils excitaient son envie, ce hideux serpent qui veille dans les bas-fonds du cœur humain, toujours prêt à siffler, à mordre, à empoisonner.

—Qu'est-ce que c'est que ça? disait le nourrisseur que nous avons vu si empressé de fêter Antoine, et qui était passé dans le camp de Pillou; une arche pour renfermer les bêtes? Est-ce que nous allons avoir le déluge?

—Eh! oui, répondait Nathan, un des compères de l'usurier, cela vient justement après le meurtre du puits de Caïn.

—Ce pauvre Pierre! disait un autre, ils ne l'ont pas pleuré longtemps!

—Ah! les larmes, ça part du cœur, faisait observer Malot, le second compère; et qui n'a pas l'arbre n'a pas le fruit!

Pillou, lui, allait de maison en maison. L'air inquiet, l'oreille tendue, sournois, cauteleux, agressif, le regard flamboyant de haine et de menace, il ressemblait au chef d'une bande de loups se disposant à attaquer une bergerie et craignant d'être surpris.

—Mon Dieu! c'est bien simple, répétait-il, Pierre gênait. C'était un honnête homme, et il avait une volonté. Il n'aurait pas fait tort d'une coquille d'œuf au plus riche d'entre nous; voilà son crime! Je vous le demande, mes bons amis, ce crime méritait-il la mort?

—C'est une horreur! Ce pauvre Pierre! répondaient en chœur les envieux et les imbéciles.

Puis, et comme Claude paraissait être le frère de prédilection d'Antoine, comme Antoine lui témoignait une vive amitié, l'emmenant partout, et lui donnant avec un soin particulier l'explication de toutes choses, Pillou le prit en une haine profonde. Cette haine se manifestait dans ses propos.

—C'est ce petit brigand-là qui est la cause de la mort de Pierre! disait-il. C'est lui qui l'a entraîné à faire un mauvais coup; il lui arrivera malheur...

Ces dernières paroles renfermaient un pronostic de vengeance.

Le beau temps se maintenait, et l'édifice avançait avec une rapidité surprenante. Antoine avait augmenté la paye ordinaire des ouvriers. Sans cesse au milieu d'eux, il les encourageait, et les guidait par ses conseils.

—Sur ma parole, disait-il gaiement, c'est la joie et la santé, mes amis, qu'un pareil travail! On y trouve le soleil, le grand air et l'exercice, ces trois panacées souveraines de l'âme et du corps. Bien malade serait celui qui ne s'y guérirait pas!

Les ouvriers souriaient d'aise à ces bonnes paroles; ils travaillaient avec une ardeur qui témoignait de leur satisfaction.

A l'heure des repas, ils se réunissaient autour de tables communes où Antoine et Claude avaient leurs places. Ces manières patriarcales étaient dans le caractère simple d'Antoine; il n'y mettait ni affectation ni complaisance; il cédait à ses goûts avec une entière bonhomie.

Cependant, un matin, un ouvrier,—ils lui étaient tous dévoués,—vint lui dire de se tenir sur ses gardes. De vagues rumeurs de complot circulaient dans le village. C'était le matin du jour où devait être arboré le bouquet sur le toit de l'édifice, dont les parties importantes se trouvaient terminées. A l'occasion de cette pose du bouquet, Antoine avait ordonné une fête champêtre, à laquelle étaient invités tous les travailleurs. On devait dîner sur le bord de la rivière, et après le dîner, danser ; cela était fort honnête.

Vers les trois heures de l'après-midi, la famille Bruno, y compris l'oncle Nicolas et le cousin Gaillard, se rendit au lieu du nouvel établissement. Les ouvriers s'y trouvaient réunis en habits des dimanches. Un d'eux, un jeune charpentier, grimpa sur le toit et y planta le bouquet aux applaudissements de ses camarades. Puis on se rangea autour des tables.

Les habitants du village étaient venus pour voir la fête ; ils se tenaient sur la route, sur le bord de la rivière et dans la forêt, entourant de tous les côtés l'endroit réservé aux invités.

—Mes amis, dit Antoine en s'adressant aux ouvriers, je ne me considère pas comme étant quitte envers vous. En travaillant ensemble, nous avons appris à nous connaître ; le jour où le malheur atteindrait un de vous, j'espère que vous vous souviendrez de moi !...

Les ouvriers remercièrent et applaudirent.

L'occasion était trop solennelle pour que l'oncle Nicolas ne prît pas la parole.

—Au nom de la ville, au nom de la patrie! s'écria-t-il d'une voix qui alla réveiller l'écho des montagnes, nous vous rendons grâces, mon neveu, de l'érection de ce monument, palais du travail et ornement de notre cité! Déjà illustre par votre naissance, le bienfait d'une scierie mécanique éternisera lá gloire de ce pays! En faisant cela, vous avez bien mérité du genre humain tout entier et de vos compatriotes...

Le maître d'école continua sur ce ton; il était lancé, et quand il prenait le discours aux dents, comme un cheval y prend le mors, l'arrêter était bien difficile. Le cousin Gaillard, qui ne professait pas un goût très-vif pour les périodes arrondies du grand orateur, s'imagina de l'interrompre en donnant le signal des applaudissements. Le bruit devait étouffer le bruit. C'était une remède homœopathique d'un effet à peu près sûr. Nous disons à peu près, car l'oncle Nicolas était un athlète robuste; il avait des poumons d'airain et une volonté de fer, quand il s'agissait de faire entendre sa belle voix. Effectivement, à trois reprises, il renoua son discours; les applaudissements, au lieu de le troubler, paraissaient l'inspirer.

Enfin l'ironique Gaillard s'approcha de lui et lui dit à l'oreille :

—Vous êtes vraiment bien bon de louer la scierie mécanique, compère Nicolas.

—Et pourquoi?

—Parce que cela fera une fameuse concurrence à votre éloquence, donc.

A ce sarcasme désobligeant, on vit se reproduire sur la figure du maître d'école la grimace historique d'Alexandre recevant la potion que lui présentait son médecin, accusé de vouloir l'empoisonner.

—Monsieur Gaillard, dit-il en se redressant de toute sa hauteur, un sage a dit que l'on devait tourner sept fois sa langue dans sa bouche avant de dire une sottise ! Je déclare votre épigramme de fort mauvais goût et je m'y connais...

Quand le silence fut rétabli, Antoine indiqua à chacun des convives rassemblés autour des tables la place qu'il devait occuper. Deux places restaient vides; l'une près de lui, l'autre près de Madeleine. Antoine regardait avec inquiétude du côté de la rivière. Il paraissait attendre l'arrivée de quelqu'un pour commencer le repas.

—Eh ! c'est Pierre qu'on attend, dit une voix moqueuse, Pierre tombé dans le torrent, et que doit amener le fil de l'eau, si les poissons ne l'ont pas mangé !

Cette voix était celle de Pillou, placé au premier rang des spectateurs.

Le souvenir de Pierre, évoqué en ce moment, produisit sur la foule et sur les invités un frémissement de stupeur. Tous les visages pâlirent, tous les regards se dirigèrent vers Antoine. Il y eut un sourd murmure comme celui qui se manifeste dans l'air à l'approche d'un violent orage.

La disparition de Pierre était restée enveloppée de mystère. Antoine en avait seul gardé le secret. Aux questions de Mathurin et de Madeleine il avait répondu évasivement ; aux autres, son air froid et réservé avait imposé silence.

Les conjectures avaient donc un thème facile. Aux yeux de tous, Pierre était mort, et les moins malveillants accusaient Antoine de s'être montré trop sévère, puisque cette sévérité avait poussé le malheureux à se jeter dans l'abîme.

Depuis cette nuit funeste, Mathurin et Madeleine, Guillemette et Claude lui-même, étaient tristes ; on l'avait remarqué ; il semblait que le deuil pesât sur eux. Quant à Antoine, il paraissait plutôt préoccupé que chagrin. C'était à n'y rien comprendre. Au lieu de pleurer son frère, il avait entrepris immédiatement la fondation d'une usine. On eût dit que le soin de la fortune étouffait chez lui la douleur d'une perte cruelle.

Pillou et ses compères n'avaient pas eu de peine à envenimer les mauvaises dispositions résultant de cette incompréhensible conduite.

La malveillance aidant, un parti s'était formé contre Antoine. La provocation de Pillou produisit l'effet d'un signal. Vingt voix s'élevèrent dans les rangs de la multitude.

— Où est Pierre ?

—Qu'en avez-vous fait ?

—Il est mort, et vous vous mettez en fête !

—Et vous vous apprêtez à danser !

—C'est indigne ! On ne danse pas sur les morts !

En même temps, la foule approchait, comme fait la vague poussée par le souffle de la tempête. Le cercle se resserrait ; des murmures, des grondements, des cris, des malédictions se croisaient dans l'air.

Bientôt on ne distingua plus les paroles ; cela devint une clameur confuse, plus menaçante de moment en moment.

Antoine était pâle d'horreur : on l'accusait presque d'un crime !

Il se leva et fit trois pas au-devant des assaillants.

—Qui m'accuse? demanda-t-il le front haut et la voix indignée. Est-ce vous, Pillou? Approchez et parlez !

Pillou fit trois pas en arrière.

—C'est tout le monde, dit-il, ce n'est pas moi ; je m'en garderais bien. Mais demandez à votre mère si elle sait où est son fils Pierre.

—Je ne le sais pas, répondit la bonne femme troublée de cette scène.

—Hein! voyez-vous? reprit l'usurier d'un air triomphant.

La famille Bruno et les invités assis autour des tables paraissaient dans la consternation. Ce que Pierre était devenu, ils ne le savaient pas. L'idée qu'il s'était précipité dans le puits de Rize leur serrait le cœur. Ignorant les événements, ils attendaient les explications d'Antoine sans oser se prononcer.

Antoine, de son côté, ne semblait pas disposé à céder à l'intimidation. Donner des explications, essayer de se justifier, c'était admettre que l'accusation pût être fondée. A cette pensée, tout ce qu'il y avait de dignité et d'honnêteté dans son cœur se révoltait.

—Monsieur Pillou, s'écria-t-il, vous aurez à me répondre de votre conduite!

—Je vous dis que ce n'est pas moi qui vous accuse, répéta Pillou, c'est tout le monde, et même votre mère!

—Oui, oui, tout le monde, et même sa mère! dit Nathan.

—C'est une abomination! ajouta Malot.

Et la foule d'éclater de nouveau en cris et en menaces.

On se poussait, on se bousculait, on s'excitait à venger Pierre en détruisant les préparatifs de la fête.

Déjà les plus hardis franchissaient l'enceinte réservée, quand le maître d'école s'élança audevant d'eux, et leur barra le chemin de l'air sublime de Bayard défendant à lui seul le passage du pont du Garigliano.

—Nom de nom! s'écria-t-il d'une voix de tonnerre; êtes-vous fous, mes drôles? Le premier qui avance, je le jette à la rivière, aussi vrai que vous êtes tous des polissons! Lambert, Pillou, Nathan, Malot, c'est à moi que vous aurez affaire! Eh quoi! ai-je pris soin de votre éducation pour vous voir tourner ainsi, mauvais sujets? Ah! j'en rougis de honte! C'est à briser sa férule en se couvrant la tête du pan de son manteau!

Magister depuis quarante ans, le bonhomme Nicolas avait pris l'habitude de traiter indistinctement tous les habitants du village comme ses écoliers, qu'ils eussent ou non grandi sous sa férule.

Le cousin Gaillard s'était levé et placé près de lui.

—Ne jetez pas vos perles devant ces estimables brutes, compère, lui dit-il de sa voix de fausset. Holà! mes maîtres, poursuivit-il en s'adressant à la foule, il s'agit de savoir à qui nous avons affaire. Il y a parmi vous beaucoup de braves gens et de la canaille. Que la canaille se range autour de Pillou, et que les braves gens se rallient autour de nous!

Pillou était craint et méprisé. On ne le fréquentait pas; on subissait sa présence. Personne ne se fût avoué son ami.

Aux paroles de Gaillard, il se produisit un mouvement dans la foule qui parut vouloir, en effet, se séparer en deux camps.

L'usurier vit le danger; il redoubla d'audace poûr entraîner les siens.

—Ce ne sont pas là des raisons, s'écria-t-il. Qu'on nous dise où est Pierre. Nous n'en demandons pas davantage.

— Où est Pierre? répétèrent en chœur ses partisans.

Les misérables se grisaient de clameurs, ils se pressaient les uns sur les autres, s'entraînaient et s'encourageaient à l'attaque.

Antoine, Claude et les invités se disposaient à repousser la force par la force.

—Pierre! où est Pierre? répétait la foule.

Pillou, enhardi par ces cris, et suivi de Nathan, de Malot et de quelques furieux, brisa la barrière...

Mais tout à coup, saisi par deux bras vigoureux, enlevé du sol comme Antée par Hercule, et rejeté à dix pas plus loin, l'usurier alla rouler dans la poussière.

—Le voilà! dit celui qui venait d'accomplir cette prouesse.

—C'est Pierre! s'écria Claude en se jetant dans ses bras.

C'était Pierre, en effet.

Pierre, amené par un canot, venait de sauter sur le bord de la rivière.

Aux cris de frayeur de Madeleine et de Guillemette, aux menaces de Pillou, il avait percé la foule. Le tumulte avait empêché de remarquer son arrivée.

XIV

Un ami.

Pillou se releva et se hâta de disparaître avec ses complices.

Pierre arrivait, accompagné d'un vieillard, dans lequel Antoine reconnut et salua M. Dragon.

Comment Pierre avait-il été sauvé? Comment se trouvait-il ramené par le directeur des douanes? Deux mots d'explication, et l'on comprendra.

Au moment où Antoine l'avait perdu de vue, Pierre s'élançait à pleine course vers le puits de Rize. Égaré par le désespoir, le malheureux n'écoutait rien. C'était à la mort qu'il allait. Bien décidé à ne pas survivre à l'action coupable qui lui était reprochée comme un déshonneur, il n'avait hâte que d'une chose : en finir avec la vie. S'il entendait derrière lui la voix suppliante d'Antoine, cette voix lui arrivait comme l'écho du blâme de sa conscience, et, loin de l'arrêter, précipitait sa marche folle.

Il parvint ainsi, dans un désordre affreux de vêtements et d'idées, jusque sur la pente du coteau, à mi-chemin duquel s'ouvrait le puits. Déjà il apercevait à travers les ténèbres les arbres plantés au bord du gouffre.

Quelques secondes encore, et il arrivait à l'abîme, et il jetait au torrent sa vie en expiation de sa faute, et il éteignait ses douleurs et ses remords.

Soudain, trois hommes paraissent devant lui, le saisissent, le terrassent et le garrottent avant même qu'il ait songé à se défendre.

—Cette fois, nous le tenons, dit un des hommes.

—Où alliez-vous? demande un autre.

—Mourir!

—En contrebande? reprend le premier. Par ma foi! monsieur Pierre, vous êtes incorrigible. Fraude des droits du fisc, fraude des devoirs de la vie, quel déterminé contrebandier! Or çà, marchons, poursuivit-il. Quand vous vous serez acquitté envers nous, vous vous arrangerez avec votre famille.

Ces hommes étaient des gardes-frontière. Avertis par la rumeur publique et les dénonciations de Pillou, ils guettaient Pierre depuis quelques jours, ou plutôt depuis quelques nuits.

Ils le conduisirent devant M. Dragon, leur chef que nous connaissons, et qui était venu tout exprès dans les montagnes pour s'assurer par lui-même du plus ou moins de gravité des fraudes.

M. Dragon, quand Pierre lui fut amené, venait de recevoir la visite de Claude apportant à la douane, de la part d'Antoine, les objets entrés en contrebande. A la vue de ces objets livrés spontanément, à l'aspect du désespoir de Pierre, il avait deviné la scène qui avait eu lieu au sein de la famille Bruno. Il interrogea séparément Pierre et Claude, il les gourmanda sévèrement, et les croyant assez punis par ce qu'ils avaient souffert, il écrivit à Antoine. C'était sa lettre qui, rapportée le soir même par Claude, avait rendu au malheureux Antoine le calme et la confiance. Toutefois M. Dragon avait cru devoir retenir Pierre en prison pour que la leçon fût plus efficace.

Mais Pierre lui raconta tout au long, avec une

expression de vérité impossible à méconnaître, dans quelles circonstances il avait entrepris ses déplorables expéditions : il était poursuivi par Pillou ; à bout de ressources, il ne voulait pas découvrir à son vieux père la ruine de la maison ; il craignait de le tuer. Il raconta la colère d'Antoine et de Mathurin à la nouvelle de l'accusation portée contre lui ; il dit qu'il avait fui devant la malédiction paternelle pour aller se jeter dans le puits de Rize.

Ce récit, fait d'une voix tremblante de confusion, les témoignages de la douleur du prisonnier, émurent M. Dragon et le convainquirent des bons sentiments de Pierre. Il ne douta pas de ses regrets ; il lui rendit la liberté sans même lui demander aucun engagement, tant il était persuadé qu'il ne recommencerait pas.

Antoine, prévenu de leur arrivée, les avait attendus ; il leur avait réservé des places à table. Pillou, indiquant une de ces places comme étant destinée à Pierre, n'avait pas cru si bien deviner.

M. Dragon, présenté à la famille Bruno comme le sauveur de Pierre, fut accueilli par Mathurin et Madeleine avec des larmes de reconnaissance, et la fête commença enfin sous d'heureux auspices. Plus d'inquiétude ni de soucis. On avait traversé l'ère du malheur, et l'avenir se montrait rayonnant de promesses brillantes. On respirait. La joie, une douce joie éclairait tous les yeux, le sourire épanouissait toutes les lèvres.

On dansa. Les habitants du village, un moment hostiles, et passant, comme il arrive toujours, du dénigrement à la louange, de l'inimitié à l'enthousiasme, vinrent se mêler aux quadrilles. La fête devint générale. Le vent avait tourné ; la famille Bruno, grâce à la démarche de M. Dragon, dont le caractère était connu, avait reconquis l'estime, le respect et l'affection de tous. On rejetait sur Pillou et ses odieux compères les sottises et les méchancetés de ces derniers temps, les avanies de la journée.

L'usurier était échec et mat. Mais il comptait bien obtenir une revanche.

Inutile de dire que Guillemette et Claude prirent leur part de la joie générale. Guillemette regrettait bien un peu l'absence de Gustave Delaroche ; mais elle songeait qu'entre elle et le jeune homme les montagnes venaient de s'aplanir.

Quant à Claude, il avait trouvé dans une jeune

personne nommée Germaine Chartrain, fille d'un riche et bizarre propriétaire des environs, une danseuse aussi infatigable que jolie ; ils se livrèrent ensemble aux étourdissantes pyrrhiques de la chorégraphie champêtre. La fête se termina par un brillant feu d'artifice, fourni par le cousin Gaillard, et un discours non moins brillant de l'oncle Nicolas.

Le lendemain, Antoine fit connaître à Pierre la position qu'il avait prise à l'égard de Pillou. Il lui expliqua ensuite l'entreprise de la scierie mécanique dont il voulait lui confier la direction.

—J'ai acquis, ajouta-t-il, le droit à l'exploitation d'une partie de la forêt. Je vais m'occuper de te mettre en rapports avec les chantiers des villes riveraines de la Moselle. Tu pourras, au moyen du cours d'eau sur lequel est établie la scierie, envoyer le bois à qui en fera la demande. Nous verrons plus tard à donner, s'il y a lieu, plus d'extension à tes opérations; nous devons commencer avec prudence. J'ai confiance en toi, Pierre. Je te mets entre les mains un instrument de fortune ; Claude te secondera de ses efforts. Je compte sur ton courage.

Pierre s'attendait à de nouveaux reproches sur

sa conduite ; Antoine ne lui en toucha pas un mot, il n'y fit même aucune allusion. Émn de ce procédé, Pierre lui tendit la main.

—Oui, répondit-il avec une expression d'amitié et de reconnaissance qui ne lui était pas ordinaire; tu peux compter sur moi, Antoine, je te le jure. Je suivrai dorénavant tes conseils, car si tu es aussi bon que savant, je suis, moi, aussi ignorant que...

—Oublions le passé, interrompit Antoine ; n'en parlons plus; n'en parlons jamais! Mes conseils sont à ta disposition et aussi ma pauvre bourse. Ton travail ne devra-t-il pas assurer l'existence de la famille? Du courage, mon ami, et tu verras que la voie du bien est encore la plus sûre pour arriver à la fortune.

Antoine resta quelques jours encore à Rize, donnant ses instructions à Pierre et à Claude, relativement à la direction de l'usine. Quand il se fut convaincu que tout marcherait bien, il partit.

Au moment de son départ, les villageois rassemblés sur la route le saluèrent de leurs acclamations.

L'oncle Nicolas avait préparé une nouvelle improvisation; il aurait bien voulu offrir — en réalité —au président, son neveu, les clefs des portes de la ville. Mais, on le sait, la ville, ou plutôt le village, n'avait pas de clefs, n'ayant pas de portes.

A son grand regret, il dut se borner à offrir lesdites clefs — en figure de rhétorique.

Il n'y a pas dans ce monde de parfait bonheur, a dit Salomon.

XV

La solidarité.

Si de son côté Antoine n'était pas parfaitement heureux, il avait du moins la poitrine allégée de lourds soucis. Des nuages obscurcissaient encore l'horizon de son avenir, mais il pouvait espérer de les voir se dissiper.

Il laissait derrière lui sa famille, qu'il venait de tirer de la ruine ; ses frères, qu'il avait remis dans le droit chemin, tout le monde content et plein de bon vouloir.

Il est vrai que, pour en arriver là, il s'était personnellement grevé de charges onéreuses. A l'achat des terrains, aux frais des constructions et au payement des ouvriers, il avait commencé par affecter tout ce qu'il possédait d'économies; mais cela n'avait pas suffi : il avait dû engager pour plusieurs années une part de ses appointements.

N'importe! il était satisfait en pensant que de ses privations naîtraient le repos et le bonheur des siens. Il comprenait par le cœur la solidarité de la parenté.

Sa première visite fut pour M. Delaroche.

Nous avons dit quels étaient la position et le caractère du père de Léonie. Au moment où on lui annonça l'arrivée du président Bruno, il se trouvait en train de causer dans son cabinet avec Gustave.

Léonie, assise près de la cheminée, avait les yeux pleins de larmes. Elle était pâle ; le front penché sur la poitrine, elle considérait d'un air triste la flamme petillante du foyer.

Gustave et M. Delaroche se promenaient dans la chambre. Ils avaient le visage soucieux, la démarche animée. M. Delaroche parlait d'un ton haut et bref.

—C'est une chose que je ne croyais pas avoir besoin de vous répéter, disait-il. Vous auriez dû m'en épargner la douleur. Personne n'aime et n'estime plus que moi M. Bruno, mais une alliance avec sa famille est impossible.

—Cependant, mon père...

—N'insiste pas, Gustave, je t'en prie. Je sais d'ailleurs ce que tu vas me dire : que M. Bruno est un honnête homme, que mademoiselle Guillemette est une aimable jeune fille, et que, pour leur ouvrir à tous les deux nos cœurs et notre maison, nous ne nous engageons pas à recevoir leurs parents. Tu te trompes : père, mère, frères, auraient droit à une place à notre foyer, à un couvert à notre table. C'est ainsi du moins que je comprends l'alliance, et c'est ainsi que la comprend M. Bruno, j'en suis sûr. M. Bruno est un homme de cœur, et si je lui disais :

« Je vous accepte pour gendre, et mon fils épousera votre sœur, mais ni mon fils, ni ma fille, ni moi, nous ne recevrons les membres de votre famille, »

Ces paroles, il les considérerait comme un outrage, et il serait le premier à rompre.

—Je le crois comme vous, mon père, mais...

—Et lorsque nous ne les recevrions pas, continua M. Delaroche, l'indignité de leur conduite en rejaillirait-elle moins jusque sur nous? Quand on viendrait te dire à toi, quand on irait dire à Léonie :

« Votre beau-frère, Pierre ou Claude, a commis tel délit, telle action coupable... »

Non, cela ne se soutient pas ! poursuivit l'ancien colonel avec un geste d'impatience. L'honneur d'un nom est chose grave et délicate ; on n'en doit confier le dépôt qu'à des cœurs éprouvés. Le sang ne souffre pas d'alliage !

M. Delaroche se prononçait péremptoirement, carrément. Son ton, comme ses raisonnements, était serré, inflexible, sans ambages ; il allait droit au but.

Gustave paraissait très-embarrassé de lui répondre ; et, en effet, répondre à la question d'alliance ainsi posée était difficile. Il cherchait dans son répertoire d'avocat, dans son amitié pour Antoine et son amour pour Guillemette, des arguments de défense. En tournant les yeux du côté de Léonie, il vit deux larmes couler sur les joues de la jeune fille.

—Cher père, dit-il, l'installation d'Antoine en qualité de président aura lieu prochainement. Je vous demande d'attendre jusque-là avant de prendre un parti. Il n'est pas de bien absolu. Renonce-t-on à la société parce qu'on y rencontre des personnes peu méritantes? Combien trouverait-on de familles n'ayant pas quelque plaie intérieure? Parce que son frère se conduirait mal, s'ensuivrait-il qu'Antoine dût être mis au ban et repoussé comme un lépreux? Chacun ne répond que de ses actes devant la loi.

—Devant la loi, oui; mais non pas devant le monde. J'avais, du reste, je ne sais quel pressentiment de ce qui arrive. Certes, j'admire M. Bruno; je comprends sa position : elle est terrible... Aîné et chef réel d'une famille pauvre et ignorante, il ne lui a pas suffi de s'élever, il faut qu'il l'élève avec lui. Tandis qu'il s'efforce de monter, elle le tire en bas. C'est la situation de l'homme cherchant à retirer de l'eau des malheureux en danger de se noyer et qui l'entraînent au gouffre... Lutte affreuse! Et ce n'est pas de l'eau qu'il doit retirer les siens, c'est bien pis : c'est de la perversion de l'ignorance, et peut-être de la fange du mal! Je le plains et l'admire sincèrement, je te le répète. Mais, tout en l'admirant, je ne veux pas vous associer, ni toi, ni Léonie, ni mon nom respecté, aux dangers qu'il court. J'ai été habitué à braver la mort, je défierais la ruine; je n'affronterai jamais le déshonneur!

Ces réflexions étaient suggérées par les incidents de la visite faite à la famille Bruno. On se souvient de ces malheureux incidents : affaire Pillou, travestissement de Mathurin et de Madeleine, mauvais propos du village, hostilité des paysans; il y avait effectivement dans tout cela matière à hésitation. Mais M. Delaroche n'hésitait pas; il était décidé à provoquer une rupture.

A la voix du domestique annonçant l'arrivée d'Antoine, Léonie se leva, essuya vivement de son mouchoir ses joues humides de larmes, jeta un coup d'œil à la glace de la cheminée, puis ne se sentant pas sans doute assez sûre d'elle-même, elle s'enfuit.

Antoine, en entrant, la vit disparaître. Il remarqua son trouble et sa pâleur; son cœur se serra. Il considéra M. Delaroche dont l'attitude froide le surprit, Gustave dont le sourire incertain le fit tressaillir.

Cependant Gustave alla à lui, lui prit la main et la lui serra cordialement.

—Mon ami, dit-il, ne soyez pas étonné du mauvais accueil que nous vous faisons. Il nous est survenu de vives inquiétudes dont nous vous informerons en temps et lieu, et qui, en attendant, ont changé notre paisible demeure en un camp d'Agramant.

Se retournant aussitôt vers M. Delaroche :

—Au nom du ciel, mon père, poursuivit-il à voix basse, ne précipitez rien! attendez, de grâce, que je vous aie parlé de nouveau.

M. Delaroche fronça les sourcils; une fois son parti pris, il n'aimait pas à en remettre l'exécution.

—Mon cher monsieur, dit-il en tendant la main à Bruno, je vous vois et vous verrai toujours avec plaisir, croyez-le bien...

—J'arrive, monsieur, répondit Antoine; vous avez ma première visite.

—Je vous en remercie; vous êtes le bien-venu. Il me tardait de vous revoir.

Gustave avança un siége pour M. Delaroche, qui y prit place. Antoine s'assit de l'autre côté de la cheminée.

—Dois-je craindre d'être pour quelque chose dans vos inquiétudes? demanda-t-il en s'adressant à M. Delaroche. Et serais-je assez malheureux pour ne pas pouvoir les dissiper?

—Vous savez, monsieur Bruno, répondit le père de Léonie d'un ton soucieux, quelles sont mon estime et mon amitié pour vous? Il est des services que l'on ne peut oublier, et vous m'avez rendu un de ces services-là. Vous connaissez ma manière de parler et d'agir. Je ne dissimule ni avec mes ennemis, ni avec mes amis...

Gustave s'agitait sur son siége, comme en proie aux piqûres d'une armée de cousins.

Bruno sentait que ce début de M. Delaroche annonçait son avenir et celui de Guillemette. Son front se couvrit d'un voile de mélancolie anxieuse.

—Vous ne nous dites pas, s'écria Gustave cherchant à changer le cours qu'il voyait prendre à l'entretien, vous ne nous dites pas en quel état de santé vous avez laissé votre famille, mon cher Antoine?

—Parfait, merci.

—Aurons-nous le plaisir de la voir à la cérémonie de votre installation?

—Je ne le pense pas.

—Racontez-nous donc, je vous prie, comment vous avez employé votre congé...

Ainsi pressé de questions, Antoine raconta les travaux qu'il avait entrepris pendant son séjour à Rize : l'établissement d'une usine dont il avait confié la direction à Pierre, et les fêtes du village au sujet de cet établissement.

De son récit, il ressortait deux choses : d'abord que la position de la famille Bruno n'était pas mauvaise et ne pouvait manquer de s'améliorer, ensuite que les habitants du village avaient cessé de lui être hostiles ; ils avaient par conséquent reconnu le mensonge des propos sur lesquels se fondait leur hostilité.

Ces déductions n'échappèrent pas à M. Delaroche, esprit droit et logique, ni à Gustave, argumentateur par état et clairvoyant par amour.

La causerie devint plus expansive. Gustave fit, pour l'animer et y rappeler la confiance d'autrefois, des prodiges de verve. Il ne réussit qu'à demi. M. Delaroche se tenait sur ses gardes. Il paraissait craindre de se laisser entraîner dans une voie d'où il ne lui serait plus permis de sortir sans douleur ; il se trouvait déjà trop engagé.

Grâce à Gustave, qui, voulant gagner du temps, parvint à éloigner de l'entretien tout ce qui pouvait amener une rupture, Antoine se retira sans que le mot de mariage eût été prononcé. On avait parlé de tout, excepté de la question principale, excepté du sujet qui préoccupait les esprits.

—Quel malheur à lui d'avoir une famille comme la sienne! dit M. Delaroche, après son départ. Ne vaudrait-il pas mieux qu'il fût sans parents?

—Mon père, répondit Gustave, vous ne connaissez pas encore parfaitement Antoine. C'est le plus noble cœur qui soit sorti du limon. Sa famille, il l'aime; je ne dis pas qu'il en soit fier, mais il l'aime avec dévouement. Ce qu'il veut, la tâche qu'il s'est donnée, c'est de la retirer des limbes de l'état à demi sauvage où elle pourrait se perdre. Cette tâche est pour lui un devoir auquel il n'hésiterait pas à se sacrifier. Guillemette et Claude ont été élevés par ses soins et sont devenus de charmants jeunes gens; le père Mathurin et Madeleine sont des personnages bibliques; il n'y a guère que Pierre qu'il n'ait pas réussi à civiliser, mais il y parvindra. Voyez ce qu'il entreprend dans ce but!

Vint le jour de l'installation; Antoine Bruno fut mis en possession du siége de la présidence, suivant les formalités traditionnelles. On s'était rendu de tous les côtés au tribunal pour assister à cette cérémonie judiciaire. Au premier rang des spectateurs, Antoine vit Gustave; mais ses regards cherchèrent vainement à découvrir dans la foule

M. Delaroche et Léonie; ils n'étaient pas venus.

Troublé de cette absence, Antoine n'aperçut pas le vieux Mathurin, arrivé tout exprès de Rize avec l'oncle Nicolas et le cousin Gaillard pour prendre part à la fête. Cependant Mathurin ne se possédait pas de contentement; il l'appelait à demi-voix et lui faisait des deux mains tous les signes télégraphiques de la tendresse paternelle.

—Eh! Antoine, criait-il. Dieu! qu'il est beau dans cette belle robe noire! On dirait d'un roi, Est-il bien possible que ce soit là mon fils Antoine? Eh! oui, c'est lui! c'est bien lui! le voilà!

—Compère, ne criez pas si fort, lui dit l'oncle Nicolas. Vous n'êtes pas ici sur le forum.

—On vous prendrait pour un quinze-vingt qui aurait perdu son bâton, ajouta le cousin Gaillard.

Mais le bonhomme avait trop de joie dans le cœur; cela éclatait malgré lui. Déjà les huissiers de service lui avaient imposé silence. Il se taisait pour un moment, et bientôt recommençait de plus belle.

Quand Antoine se mit à prononcer le discours d'usage, ce fut bien pis; il ne se contint plus. Il poussait des cris, il gesticulait, il riait et pleurait à la fois, interrompant l'orateur et provoquant les réclamations tumultueuses de la foule.

Les huissiers, cédant à ces réclamations, finirent par l'entraîner hors de la salle d'audience; le désordre de ses paroles leur fit croire qu'ils avaient affaire à un insensé, et comme ils ne pouvaient le contenir, ils l'enfermèrent dans la chambre de dépôt des prisonniers.

Le soir de ce jour, Bruno ouvrit son salon à de nombreux invités : c'étaient les membres de la magistrature, ceux du barreau, et les notables habitants de la ville.

Antoine vit avec un plaisir infini arriver des premiers M. Delaroche; il alla au-devant de lui et le remercia avec effusion. M. Delaroche exprima ses regrets de ne pas avoir assisté à la cérémonie du matin; il était malade. Le ton affectueux du père de Léonie pénétra Bruno de satisfaction; il crut y découvrir le désir d'un rapprochement; ses inquiétudes se dissipèrent, et l'espoir lui rentra au cœur.

Cependant Gustave ne se montrait pas. M. Delaroche et Antoine s'étonnaient de ne pas le voir, quand tout à coup le bruit d'une altercation se fit entendre à la porte; deux personnages pénétrèrent aussitôt dans le salon.

C'était le maître d'école et Gaillard.

Ils paraissaient tous les deux en proie à une extrême agitation. Il y avait du désordre dans leur toilette, du trouble dans leurs yeux ; ils étaient essoufflés comme des hommes qui viennent de se quereller ou de courir. Antoine ne les avait pas vus de la journée ; il ignorait qu'ils fussent venus à la ville avec Mathurin. Leur apparition soudaine dans cet état de trouble le pétrifia de surprise. Les invités ne semblaient pas moins étonnés.

—Au nom des lois qui régissent mon pays ! s'écria l'oncle Nicolas dès qu'il eut repris haleine, au nom des saintes lois de la famille et du respect que l'on doit aux vieillards, je viens, mon neveu, protester à la barre de votre tribunal...

—De quoi s'agit-il ? demanda Antoine inquiet.

—Les Lacédémoniens et les Spartiates avaient pour la vieillesse et la paternité un culte...

Antoine impatienté se retourna vers Gaillard.

—Nous sommes arrivés ce matin tous les deux avec le père Mathurin, lui dit Gaillard traduisant en langue vulgaire les phrases du maître d'école ; nous avons été au tribunal pour voir la cérémonie. Et le père Mathurin était si content qu'il s'est fait mettre dehors, et puis dedans. Toute la journée nous avons couru, espérant pouvoir le délivrer. Nous ne voulions pas vous le dire dans la crainte de vous chagriner, mais on a refusé de nous le rendre. C'est tout.

—Mon père! fit Antoine au comble de la surprise. Cela n'est pas possible!

A ce moment, la voix du domestique annonça l'arrivée de Gustave.

Gustave entra; il amenait Mathurin.

A la vue de l'oncle Nicolas et du cousin Gaillard entourés d'un cercle de visages consternés, Gustave devina que de maladroites révélations avaient été faites.

Il se mit alors à raconter que le père Mathurin, suffoqué pendant la cérémonie par la chaleur et l'émotion, avait été pris d'un grand malaise qui l'avait obligé de sortir et de réclamer des soins. Grâce à Dieu, le malaise était dissipé, et le bon vieillard accourait pour embrasser et féliciter son fils.

On accepta comme vraie l'explication de Gustave. Antoine, seul peut-être, n'y crut pas. Se rapprochant du jeune homme, il lui serra la main et lui dit à l'oreille :

—Merci, mon ami!

Il présenta ensuite son père aux invités.

Mathurin fut complimenté, fêté, environné de témoignages de respect; il était si heureux qu'il en perdait la tête.

—Vous êtes trop honnêtes, mes bons messieurs, répondait-il. Ce n'est pas à moi qu'il faut dire toutes ces belles choses. C'est à Antoine que ça revient... Je ne suis que son père, moi; lui, il est mon fils!

Cette dernière phrase, d'une naïveté si expressive, faisait sourire et touchait en même temps profondément. Elle caractérisait bien ce pauvre vieux dont toute la vie était renfermée dans celle de son fils.

La soirée fut charmante. L'arrivée de M. Dragon vint encore en augmenter l'intérêt. Antoine accueillit le directeur des douanes avec une satisfaction manifeste. Gustave et M. Delaroche recherchèrent sa conversation.

A la suite d'un entretien de quelques minutes, le père de Léonie retourna vers Antoine, et lui dit, le sourire aux lèvres :

—J'espère, mon ami, que M. votre père restera quelques jours au milieu de nous. J'ai une demande à lui faire de la part de Gustave; et peut-être, de son côté, aura-t-il un consentement à me donner.

Antoine saisit la main de M. Delaroche, et la serra vivement dans les siennes.

—Merci! merci, monsieur! répondit-il avec bonheur. Oh! j'ai bien souffert dans ces derniers temps; j'étais découragé, désespéré, et vous me rendez à la vie... merci!

—Vous méritez d'être heureux, mon ami, dit M. Delaroche ému de l'émotion de Bruno. Vous le serez, s'il plaît à Dieu. Pour moi, je suis tout à vous!

Dès le lendemain, le père Mathurin alla demander pour Antoine, à M. Delaroche, la main de Léonie, et M. Delaroche demanda pour Gustave, au père Mathurin, la main de Guillemette.

Ces demandes accordées de part et d'autre, il fut convenu que les deux mariages auraient lieu le même jour.

Les hommes s'occupèrent ensuite de la publication des bans, et les jeunes filles de leurs toilettes.

M. Delaroche, cédant aux instances de Gustave, avait fait un nouveau voyage à Rize. Il y avait vu l'usine établie par Antoine, et dirigée par

Pierre et Claude, en pleine activité. Il avait entendu les ouvriers et les villageois bénir le nom de Bruno. Les prières de Léonie, et en dernier lieu le rapport de M. Dragon, qui lui avait attesté les bons sentiments de Pierre, avaient changé sa détermination, et ajoutons qu'il en éprouvait un véritable bonheur, car cette détermination lui avait été aussi douloureuse à prendre que pénible à garder.

Un matin, Gustave vint rendre visite à son ami.

—Enfin, dit-il en lui serrant la main, cela marche; les bans sont publiés; nous voilà sur le chemin du paradis. Ce n'est pas sans peine; je commençais à croire que le diable nous en voulait.

—Mon cher, je ne crois plus au diable, répondit gaiement Antoine. Il n'existe que dans la pensée des malheureux; il est mort pour nous.

—Très-bien! Alors venez, nous allons l'enterrer.

Antoine, après quelques mots d'explication, suivit Gustave. L'heureux fiancé de Guillemette l'emmena prendre sa part d'un joli déjeuner qu'il avait fait préparer comme adieu à la vie de garçon.

Mais pendant que nos braves amis s'occupaient d'enterrer le diable, Son Excellence au pied fourchu leur jouait dans l'ombre des montagnes des Vosges un tour épouvantable...

XVI

Le tour du diable.

C'est toujours au moyen de deux beaux yeux que le diable nous joue ses plus vilains tours. Les grandes catastrophes historiques n'ont pas eu d'autre origine, depuis l'incendie de Troie, allumé, on le sait, au feu des prunelles d'Hélène, jusqu'aux malheurs du pauvre Claude, dont nous avons à faire le récit.

Nous avons dit, et on n'a pas oublié, combien était charmante la jeune fille avec laquelle Claude avait dansé pendant la fête du village.

A dix-sept ans, les impressions sont vives, les pensées entraînantes. On sent, on rêve, on ne calcule pas. Claude avait senti, avait rêvé, et s'était laissé aller sur la pente de ses rêves.

Or, cette pente l'avait conduit dans les montagnes, au fond d'un bois paré des premières feuilles du printemps, juste devant une gentille villa blanche, à volets verts, en harmonie de couleur, de grâce et de mystère avec ses fraîches et mystérieuses rêveries; un nid d'amour dans un bosquet de verdure.

Claude avait admiré et avait soupiré. Un bruit de voix paternelle irritée, partant de l'intérieur du nid, l'avait effrayé. Il s'était enfui, sans y mettre plus de fierté ni moins d'ardeur que Frédéric le Grand au bruit du canon de sa première bataille.

Cependant, tout en fuyant, notre héros ne put se dissimuler que la route était belle. Le lendemain, après le travail du jour, il reprit le chemin de la villa. Cette fois il aperçut, dans le cadre d'une fenêtre ornée d'un treillis de plantes grimpantes, la douce figure d'une jeune fille chantant comme un oiseau dans le feuillage.

C'était Germaine, la danseuse de la fête.

Germaine, en le voyant, se tut et rougit; lui, il garda le silence et rougit plus fort. Il en est qui penseront que rougir et se taire, ce n'est pas le moyen de s'entendre. Peut-être se trompent-ils; l'amour a différents langages. Le fait est que cette nuit-là Claude regagna la ferme aussi heureux que Roméo venant de recevoir les serments de Juliette.

Il revint. Il revint tous les soirs, et tous les soirs il apercevait Germaine à la même fenêtre. Le chemin était long et les nuits charmantes; il ne rentrait au village que vers le crépuscule du matin.

Peu à peu, nos deux soupirants s'enhardirent; un signe, un mot, puis quelques phrases furent échangés. Claude était aux anges. Mais un soir Germaine ne parut pas.

Le lendemain, il la vit toute pâle, et les yeux rouges de larmes. Elle lui dit que son père avait reçu la visite de M. Pillou, et que, depuis cette visite, il était dans une colère terrible. Elle le pria de se retirer et de ne plus revenir.

Malgré cet avertissement, Claude revînt encore, non par bravade, le pauvre enfant! mais ses pas le portaient irrésistiblement de ce côté. Il était triste; il voulait revoir Germaine et chercher avec elle les moyens de fléchir la colère de M. Chartrain. Ses intentions étaient pures comme son amour.

Il trouva la jeune fille à la croisée. Toutefois, à peine lui eut-il dit quelques mots qu'une voix —déjà entendue—éclata en menaces à l'intérieur. Germaine disparut, et la croisée fut fermée brusquement. Claude s'enfuit. Il erra toute la nuit dans les montagnes, ne sachant où il allait ni ce qu'il faisait, éperdu de chagrin. Quand il rentra dans sa chambre, le soleil éclairait l'horizon.

Le soir, au moment où il se demandait s'il devait retourner à la villa ou y envoyer son père, après lui avoir fait la confidence de ses sentiments au sujet de Germaine, trois hommes se présentèrent pour l'arrêter.

L'arrêter? Et pourquoi? Quel crime avait-il commis?

On l'emmena en prison. Là, on lui demanda où il avait passé les nuits précédentes. Il craignit de compromettre Germaine, et répondit qu'il était allé se promener dans les montagnes.

—Seul?

—Seul.

On lui demanda s'il pouvait produire des témoins sur les directions qu'il avait suivies. Personne ne l'ayant vu, ou plutôt n'ayant rencontré personne, il répondit négativement.

Alors on lui dit qu'il était accusé d'avoir tué un garde-frontière en faisant la contrebande. Cette accusation le pétrifia de stupeur, puis le fit trembler d'effroi.

—Vraiment? dit-il, on m'a donc vu?

—On vous a vu.

—Et reconnu?

— Et reconnu.

Il nia, il s'emporta, il pleura; rien n'y fit. On l'avait vu et reconnu.

C'était à troubler une tête plus forte que la sienne.

Après le premier interrogatoire, il demeura comme pris de vertige. On le transporta à la ville. Il y arriva le matin. Antoine et la famille Delaroche apprirent en un moment son arrestation et l'accusation terrible qui pesait sur lui.

—Voilà notre coup de grâce! dit M. Delaroche à Gustave avec un profond chagrin. Les loups sont loups, et restent loups !

Gustave était confondu.

—Il faut attendre avant de prononcer, mon père, répondit-il. Ah! ce pauvre Antoine doit être bien malheureux!

Léonie était anéantie de stupéfaction. Quand

elle eut bien compris ce dont il s'agissait, elle tomba évanouie.

On la rappela au sentiment, et Gustave se hâta de s'habiller pour aller voir Antoine; mais, sur ces entrefaites, Antoine arriva.

XVII

Les sacrifices.

Antoine était d'une grande pâleur. Ses traits tirés et son regard, brillant d'un éclat vitreux, faisaient mal à voir. Il s'était opéré, en l'espace d'une matinée, un changement effrayant dans sa physionomie. Cependant il maîtrisait l'émotion violente qui lui brûlait le sang et lui crispait les nerfs. Il se roidissait ; il affectait le calme.

Gustave lui prit la main et le fit asseoir, car il le voyait chanceler.

—Mon ami, lui dit-il, nous venons d'apprendre le malheur qui nous a frappés...

—Ce pauvre enfant! dit Antoine d'une voix

brisée de douleur. Ah ! vous ne savez pas combien il est incapable d'un pareil crime !

—Vous ne le croyez pas coupable ? demanda M. Delaroche.

—Lui, coupable ?

Et Bruno se dressa de son siége avec la vivacité d'un ressort qui se détend. Les pommettes de ses joues se teignirent de pourpre, et son front se couvrit de gouttelettes de sueur.

—On viendrait vous dire, monsieur, continua-t-il en roidissant sa voix, que votre fils, que Gustave, la bonté et l'honneur, a commis un assassinat...

—Je répondrais qu'on a menti ! répliqua vivement M. Delaroche.

—Eh bien ! Claude est mon fils plutôt que mon frère, monsieur, et je réponds de lui comme vous répondriez de Gustave. C'est le cœur le plus naïvement pur, le plus dévoué... Lui, tuer un homme ! Oh ! mais c'est un affreux blasphème !

—Mais alors... dit M. Delaroche.

—Il y a erreur, dit Antoine, une erreur terrible !

—Avez-vous vu Claude ? demanda Gustave.

—Oui, mais je n'ai pu en obtenir de réponse.

Les larmes étouffaient sa voix. J'y vais retourner.

—Mon ami, dit le père de Léonie d'un ton affectueux en tendant la main à Bruno, souvenez-vous que vous avez ma promesse.

—Je vous remercie, monsieur, répondit Antoine avec reconnaissance. Ah! sur le ciel, je m'engage à établir que nous sommes restés dignes de votre amitié!

Il était entré l'air souffrant et découragé. Les dernières paroles de M. Delaroche parurent ranimer sa confiance et retremper son énergie.

Il sortit, le visage moins sombre, le regard moins chargé de chagrin.

Claude coupable! L'accouplement de ces mots lui paraissait former un non-sens monstrueux. C'était une abominable calomnie, un assassinat moral, commis par une fatalité de circonstances qu'il ne s'expliquait pas encore.

Il se rendit à la prison de la ville. Il y avait déjà vu Claude, mais dans un tel état de douleur qu'il n'avait pu saisir ses réponses.

Le malheureux enfant était plus calme. Toutefois, avant de se représenter devant lui, Antoine voulut prendre connaissance des pièces de l'accusation. On les lui communiqua.

Il y était dit que « Claude avait pris l'habitude, depuis plusieurs semaines, de quitter l'usine après le travail de la journée ; il allait dans les montagnes, où il passait la nuit.

« Quel était le motif de ces absences nocturnes ? Un crime l'avait révélé.

« Pendant la nuit du 24 au 25 mai—la nuit qui avait précédé le jour de la visite de Pillou à M. Chartrain,—des gardes-frontière de service avaient signalé le passage de trois fraudeurs. On s'était mis à leur poursuite. Un des gardes les avait atteints. Une lutte s'était engagée, lutte affreuse, où le garde avait perdu la vie. Les fraudeurs s'étaient enfuis. Mais sur le terrain même du combat, entre les mains du garde assassiné, on avait trouvé le pan d'une casaque de drap gris, taché de sang, et plus loin, dans une anfractuosité du roc, la casaque elle-même, dont l'assassin s'était débarrassé pour mieux courir sans doute, et afin de ne pas être remarqué en rentrant au village, cette casaque ne servant que de pardessus. »

Jusqu'ici Antoine n'apercevait rien qui accusât son frère.

Mais on ajoutait « que la casaque en question

appartenait à Claude Bruno; que le tailleur de Rize déclarait formellement l'avoir confectionnée pour lui; il la reconnaissait à de larges boutons blancs que lui-même avait fournis, et à des réparations qu'il y avait faites. D'autres témoins confirmaient la déposition du tailleur. C'étaient les garçons de la ferme de Mathurin, Mathurin lui-même, et des villageois; tous s'étaient prononcés spontanément, sans malice comme sans arrière-pensée. De ce côté le doute n'était pas possible. »

Antoine frémit en lisant ce paragraphe, et se sentit pâlir; il se souvenait en effet d'avoir vu Claude revêtu d'une casaque grise à larges boutons blancs. Ces boutons étaient surtout remarquables; ils avaient arrêté son attention.

On disait encore que des témoins, parmi lesquels se trouvaient des gardes-frontière et MM. Malot, Nathan et Pillou, avaient aperçu plusieurs fois dans les montagnes, ainsi qu'ils le déclaraient eux-mêmes, l'homme à la casaque grise, accompagné de deux individus. Tous les trois étaient chargés de ballots, et armés de poignards et de fusils.

Enfin, et cette charge n'était pas la moins grave, on avait retrouvé le chapeau de carnaval perdu par Claude lors de la funeste expédition où Pierre l'avait entraîné, pendant la nuit de la mi-carême. Ce chapeau, Claude avouait qu'il avait été acheté de l'autre côté de la frontière, dans le but de favoriser la contrebande! Le malheureux, en faisant cet aveu, avait eu le soin de s'accuser seul, dégageant Pierre de toute complicité, afin d'attirer sur lui seul le blâme ou le châtiment. Or, comme il n'existait contre son frère aucune preuve matérielle, mais seulement des propos de village que l'on pouvait attribuer à la malveillance, Pierre se trouvait hors de cause.

L'examen de ces documents plongea Bruno dans une immense douleur. S'il n'y voyait pas la culpabilité de Claude, il n'y découvrait pas non plus son innocence. Il y avait là des charges suffisantes pour justifier l'accusation terrible élevée contre lui, et le faire condamner, au cas où il ne parviendrait pas à se disculper.

C'était une lutte sérieuse, une lutte de vie ou de mort.

Antoine avait cru qu'une nouvelle imprudence avait été commise, et il se trouvait que cette imprudence, en tant qu'elle eût eu lieu, avait pris les proportions d'un crime. Il était convaincu de l'innocence de son jeune frère, et cependant les apparences l'accablaient.

En proie à d'affreux déchirements, Bruno resta longtemps à réfléchir. Il cherchait à apaiser les bouillonnements de sa douleur, à voir clair dans ses idées.

Quand il se sentit un peu calmé, il pénétra dans la cellule du prisonnier.

Claude avait perdu l'air heureux qui allait si bien à sa figure sympathique et pleine de candeur. A la fièvre de l'épouvante avait succédé l'accablement.

Il était pâle et brisé.

Assis dans un coin de la prison, le front dans ses mains, il pleurait... Ni sanglots ni soupirs ne sortaient de sa bouche; ses larmes coulaient en silence. C'étaient comme les dernières gouttes de sang qui s'épanchent d'une blessure ayant longtemps saigné... Il paraissait épuisé.

Néanmoins, à l'arrivée d'Antoine, il releva la tête et frissonna. Une expression d'inquiétude se répandit sur ses traits. Antoine s'était composé un visage sévère ; mais à la vue du pauvre enfant exténué de chagrin, son cœur se fondit, ses yeux devinrent humides ; il lui ouvrit ses bras.

Claude ne fit qu'un bond, et tomba sur la poitrine de son frère. Il s'attachait à lui, comme fait le naufragé au mât du navire, son unique espoir de salut.

— O frère! frère! balbutiait-il d'une voix entrecoupée, ne me quitte pas; j'ai peur! O cher Antoine! si tu savais combien je suis malheureux!

Bruno, maîtrisant son émotion, voulut revenir à son rôle. Il dénoua les bras qui l'enlaçaient, et, donnant à son accent toute la fermeté possible :

—Claude, demanda-t-il, es-tu coupable?

—Ah! et toi aussi? répondit Claude, comme saisi de terreur.

—Non, non! s'écria Bruno. Mais je veux savoir la vérité, Claude. Tu es coupable, ou tu es victime. On cherche à prouver le crime, il faut établir l'innocencc. Les faits t'accusent, il faut convaincre que les faits te calomnient.

Claude baissa la tête.

—Où allais-tu, pendant la nuit, dans ces derniers temps? reprit Antoine. Tu as répondu que tu allais sur la montagne, sans autre but que celui de te promener. Cela n'est pas possible, Claude, cela n'est pas vrai! Tu as menti en disant cela,

Claude, et ton mensonge met ta vie en danger, songes-y bien!

—J'ai répondu ce que je devais répondre, fit Claude avec accablement. J'ai menti parce que dire la vérité eût été commettre une lâcheté... Le secret de mes promenades n'appartient pas à moi seul, et, si le mensonge doit me perdre, il ne perdra que moi, tandis que la vérité...

—Quelle est cette casaque trouvée entre les mains du garde? interrompit Antoine brusquement.

—C'est la mienne.

Antoine tressaillit.

—Mais je l'avais donnée à un pauvre homme, continua Claude.

—Cet homme, quel est-il?

—Nicaise, je l'ai dit; et l'on ne m'a pas cru. On m'a répondu qu'il avait quitté le pays depuis quelque temps.

—Et le chapeau ramassé dans la montagne?

—C'est le mien.

Bruno réfléchit pendant un moment. Puis il reprit d'une voix triste.

—Claude, je suis ton frère; tu sais combien je t'aime. Je t'aime parce que tu es pur et bon, parce que je répondrais de toi comme de moi. Eh bien! Claude, si je ne te connaissais pas, et si j'étais ton juge, d'après les faits et d'après tes réponses, je t'affirme sur l'honneur qu'en mon âme et conscience je te condamnerais comme assassin.

Claude regarda Antoine avec épouvante.

—Je te condamnerais, répéta Bruno, convaincu de ton crime, qu'aurait prouvé dans mon esprit ton mensonge maladroit.

Le prisonnier tomba assis, comme si ses jambes ne pouvaient plus le soutenir.

—Mais tu es mon frère, Antoine, répondit-il d'une voix étouffée; tu n'es pas mon juge; tu me connais, tu sais que je ne suis pas coupable. Tuer un homme, moi! l'assassiner, moi! Oh! mais c'est de la folie! C'est-à-dire que, lorsque je songe à cette accusation, je crois faire un mauvais rêve; je me crois fou!

Et le malheureux se tordait les mains avec égarement.

—Est-ce bien vrai qu'on m'accuse, dis, Antoine? poursuivit-il. Est-ce bien vrai que tout cela n'est pas un cauchemar? que je suis éveillé, que je suis en prison, que tu es là, devant moi, pâle et triste?

—Cela est vrai, répondit Antoine.

—Oh! mais alors tu vas me délivrer ! s'écria le prisonnier en se levant. Tu vas me faire sortir d'ici ; tu sais que je ne suis pas coupable, tu le dois ! O frère ! je t'en supplie, pas une heure, pas une minute de plus dans cet affreux cachot. Je m'y sens mourir. Emmène-moi !

Il s'élança de nouveau dans les bras de Bruno.

—Claude, tu ne pourras sortir d'ici que par la porte de la vérité, répondit Antoine avec émotion. Tu as pris le chemin qui conduit à la mort et au déshonneur ; reviens sur tes pas, ou tu es perdu !

—Tu ne veux pas m'emmener ?

—Je ne le pourrai que lorsque tu auras été déclaré innocent.

—Mais tu affirmeras. On te croira, toi.

—Claude, il ne me suffira pas d'affirmer, il me faudra prouver. La loi est au-dessus de nous tous, Claude ; ma parole n'a pas dans sa balance plus de poids que la tienne ; des preuves, il faut des preuves. Allons, de la franchise, poursuivit-il avec bonté ; ne te laisse pas égarer par les sentiments d'une fausse honte ou d'une fausse générosité. Pense à ton avenir perdu, à ton nom flétri ;

pense à ton vieux père et à ta mère que le mensonge tuerait aussi bien que toi ; pense à Guillemette qui t'aime tant, et dont tu briserais la vie. La vérité, Claude, la vérité ! Pourquoi allais-tu la nuit dans les montagnes ? Comment et à quelle époque as-tu donné ta casaque ? Dis-moi tout cela, afin que je puisse te défendre et faire passer dans l'esprit des juges la conviction de ton innocence qui est dans mon cœur !

Après bien des instances et bien des prières, Bruno parvint à arracher aux lèvres du prisonnier les secrets de sa conduite :

Il allait dans la montagne pour voir Germaine à la fenêtre de la villa Chartrain, et causer avec elle, pendant que M. Chartrain, chasseur passionné, était à l'affût. Il dit à quel propos et dans quelles circonstances il avait donné sa casaque au bûcheron Nicaise.

—Mais, s'empressa-t-il d'ajouter, au nom du ciel, frère, que mes révélations ne compromettent pas Germaine ! Elle est pure comme les anges. Que son nom ne soit pas prononcé dans cette affaire. Son père est un homme très-dur et très-emporté ; il la tuerait !

—Malheureux enfant ! répondit Antoine, oublies-tu donc que tu es accusé d'un crime? Ne faut-il pas que tu te défendes?

—Quant à Nicaise, reprit Claude...

—Si Nicaise est coupable, tant pis pour lui! Lui, que j'ai sauvé, te perdre, oh! ce serait horrible!...

Bruno sortit de cette entrevue un peu moins tourmenté. Il espérait disculper son jeune frère, en établissant ce qu'en termes judiciaires on appelle un *alibi*. Si l'on prouvait que Claude était allé chaque soir à la villa Chartrain, si d'un autre côté on démontrait que la casaque ne lui appartenait plus depuis longtemps, qu'il l'avait donnée au bûcheron, l'accusation tombait.

A quelques pas de la prison, Antoine rencontra Gustave. Il lui fit part de ses espérances.

—Le pauvre enfant n'a pas de bonheur, dit-il; sa générosité et sa discrétion ont tourné contre lui. Au lieu de lui valoir des louanges, elles lui ont attiré l'imputation d'un crime. Ses bienfaits l'ont mordu comme des serpents!

—Enfin, vous connaissez la vérité?

—Oui, et je le sauverai, répondit Bruno. Malheureusement, si pur qu'on soit, il reste toujours quelque chose de ces sortes d'accusations, ajouta-t-il avec tristesse.

C'était au chef-lieu du département, c'est-à-dire à Metz, que l'affaire devait être portée. Antoine prit toutes les mesures de salut que lui inspirèrent les circonstances et sa connaissance des lois.

Mais il avait aussi les devoirs de ses fonctions à remplir. Il se rendit au tribunal. Il ne s'y était pas montré depuis l'incarcération de Claude dans la prison de la ville.

Le bruit de cette incarcération défrayait naturellement tous les entretiens. Au tribunal, comme partout, on en causait, on en faisait cent rapports.

Bruno, s'il eût eu l'esprit plus libre, aurait remarqué la préoccupation générale.

A son arrivée, avocats, clients, public, s'écartèrent de son passage avec un empressement inaccoutumé ; tous les regards étaient fixés sur lui. Les chuchotements, les mots dits à l'oreille, la surprise, l'inquiétude, les demi-sourires, l'expression de l'intérêt ou de la pitié, tous les bons sentiments, tous les mauvais instincts se réfléchissaient sur les visages.

Il prit place sur le siége de la présidence. L'audience commença. Mais personne ne prêtait d'attention aux affaires courantes. Les pensées étaient ailleurs. Les avocats parlaient dans le vide, ou plutôt au milieu d'un bourdonnement continu. La salle était pleine de monde, et la foule, augmentant incessamment, se pressait vers l'estrade présidentielle, curieuse de voir. Bruno, pâle, roidi, glacé, ressemblait, sous sa robe magistrale, à ces statues grecques dont la tête était de marbre blanc et le corps de pierre noire. Sa prunelle immobile n'avait pas de regard.

Tout à coup il frissonna. Un bruit sourd, comme celui d'un soupir étouffé, avait frappé son oreille ; ses yeux s'allumèrent. Il parcourut, d'un rapide coup d'œil, les visages de l'auditoire, et parut surpris. Que se passait-il ?

Il voulut faire taire les chuchotements. Mais une voix éplorée, partant du fond de la salle, s'écria :

— O Antoine ! ne savez-vous pas que votre frère Claude est en prison ? Voulez-vous me laisser mourir de chagrin ?

C'était une voix de femme. C'était la voix de Madeleine.

Dans cette même enceinte, peu de jours auparavant, les cris de joie de Mathurin n'étaient pas arrivés jusqu'à lui. Au premier cri de douleur de sa mère, toutes ses fibres venaient de tressaillir. Néanmoins, il s'imposa de rester sur son siége jusqu'à la fin de l'audience. Ni les affections ni les malheurs de la famille ne devaient lui faire négliger les devoirs du juge. Mais l'audience terminée, il se leva, et fendit les rangs des spectateurs, emporté comme malgré lui. Madeleine, Guillemette et Mathurin s'élancèrent dans ses bras.

Les assistants s'éloignèrent discrètement. En ce moment, il n'était pas un cœur qui ne fût attendri, pas une paupière qui ne fût humide.

Antoine sortit de l'audience. Il emmena chez lui ses pauvres parents.

Quel changement !

Le mois précédent avait eu lieu la cérémonie de son installation, et cette même foule l'avait admiré et envié ; aujourd'hui, elle en avait compassion.

Dès le soir, Antoine partit à la recherche du bûcheron Nicaise; il devait aussi aller trouver M. Chartrain, le père de Germaine.

Avant son départ, il s'était efforcé de rassurer les vieillards et Guillemette sur l'issue de l'affaire, de leur communiquer sa confiance.

Il revint huit jours après, consterné, découragé. Nicaise avait en effet quitté le pays depuis longtemps. On ne savait pas où il était allé. M. Chartrain et Germaine avaient également disparu ; la villa n'avait plus d'habitants.

Bruno s'était informé de tous les côtés. Il avait parcouru les villages et les hameaux des alentours. Courses inutiles, peines perdues ! Personne n'avait pu lui donner de renseignements au sujet du bûcheron et des hôtes de la montagne, ni lui fournir le plus léger indice sur la direction qu'ils avaient prise.

Il était anéanti ! Tous les éléments de la défense de Claude lui échappaient...

Alors il écrivit à M. Delaroche une lettre conçue en ces termes :

« Monsieur,

« J'espérais conjurer le malheur qui frappe ma famille ; je ne l'espère plus. Il semble que la fatalité soit devenue intelligente pour nous perdre ; qu'un complot ait été formé pour détruire les preuves de l'innocence de mon pauvre frère, pour empêcher les témoignages qui le disculperaient de se produire au jour. J'ignore quelle destinée nous est réservée, mais je tremble en y songeant.

« Monsieur, je connais la générosité de votre cœur; je sais que, quoi qu'il arrive, vous nous conserverez votre estime. Forcé que je suis d'abandonner mes plus chères espérances, elle sera mon seul bien... Je vous rends votre promesse... Tant que j'ai cru pouvoir donner à votre charmante fille le bonheur et la considération d'un nom respecté, je l'ai gardée. Mais aujourd'hui que mon ciel se couvre, que mon avenir se brise, que le deuil et la désolation entrent dans ma maison, j'y renonce. Ce n'est pas au moment de la tempête que l'on retient près de soi ceux que l'on aime. Que Gustave se détache aussi de ma chère Guillemette. Nous sommes malheureux, et le malheur est contagieux.

« Oubliez-nous. Adieu!

« Votre ami jusqu'au dernier jour,

« Antoine Bruno. »

Cette lettre du désespoir fut envoyée à M. Delaroche.

De la plume qui lui avait servi à la tracer, Antoine écrivit immédiatement, et adressa au ministre sa démission des fonctions de président du tribunal.

—Et maintenant, dit-il après avoir accompli ces sacrifices, et maintenant tâchons de sauver mon pauvre Claude!

XVIII

Condamné.

Bruno s'était dépouillé de ses fonctions présidentielles et de ses espérances d'amour, comme le sauveteur se dépouille de ses bijoux les plus précieux au moment de plonger au secours du naufragé, menacé de périr. Libre de préoccupations étrangères, il pouvait se consacrer tout entier au salut de Claude.

Mathurin, Madeleine et Guillemette, rassurés par ses paroles, comptaient revoir bientôt le malheureux enfant ; ils ne s'inquiétaient pas trop de son sort.

Cependant à Rize, il y avait eu grand émoi. L'oncle Nicolas avait fulminé à l'adresse du destin une magnifique tirade digne d'Oreste en ses fureurs; le cousin Gaillard avait tiré à bout portant ses plus virulentes épigrammes contre les ennemis de la maison Bruno; Pierre, consterné du malheur de son jeune frère, s'était reproché d'en être la cause; il avait voulu s'accuser et prendre sa place. Il n'était pas jusqu'à la tante Gertrude qui ne se fût révoltée à la nouvelle de ce malheur, protestant hautement de l'innocence de Claude.

Un matin, Antoine vit entrer chez lui le maître d'école, accompagné de Gertrude et de Gaillard. Ils saluèrent et embrassèrent Madeleine, Guillemette et Mathurin.

—Mon neveu, dit ensuite l'oncle Nicolas, nous avons entendu le cri de la famille en danger, et nous venons mettre à son service nos bras et nos intelligences !

—Merci, mes chers parents, répondit Antoine. Aussi bien nous devons réunir nos efforts, car le danger est sérieux. Il s'agit de sauver un innocent, et nous avons contre nous toutes les mauvaises chances du sort.

—Le sort? J'en étais sûr! s'écria le lyrique maître d'école.

Et il se mit à maudire de nouveau le sort d'un ton tragique.

—Moi, j'étais sûre que Claude était innocent, dit Gertrude.

—Certes, dit Gaillard, mais il s'agit de trouver les coupables.

—N'égarons pas nos efforts, dit Bruno. Attachons-nous à prouver l'innocence de Claude.

—L'innocence de Claude ne sera-t-elle pas prouvée du moment où nous démasquerons les auteurs de l'assassinat? demanda l'épicier.

—Sans doute.

—Eh bien! moi, je vote pour Pillou, Nathan et Malot, les plus artificieux brigands dont le diable ait doté notre belle France.

Au nom de l'usurier et de ses compères, Antoine tressaillit. Il n'y avait pas songé. Pillou avait une de ces réputations, ou plutôt de ces conduites qui permettent toutes les conjectures. On ne pouvait guère le calomnier, même en l'accusant d'un crime. Néanmoins, à l'appui de l'accusation, on devait fournir des preuves.

—Ceci est grave, dit Antoine au cousin Gaillard. Avez-vous des indices?

—Des indices? Plus qu'il n'en faudrait pour les faire condamner.

—Lesquels?

—Leurs yeux louches, leurs ongles crochus, leurs mâchoires de loup.

—Cela ne suffit pas.

—Et le mystère de leur métier, leurs absences, leurs prétendues parties de chasse dans les montagnes, comptez-vous cela pour rien?

—Le fait est, dit l'oncle Nicolas, que tout cela n'est pas clair.

—Il faut les surveiller, dit Bruno. Je vais, de mon côté, diriger sur eux l'attention de la justice.

—Laissez-moi faire, répondit Gaillard. Je suis un peu chasseur aussi, moi; je sais rabattre le gibier.

—Faites. Mais il ne serait pas moins important, reprit Antoine, de découvrir M. Chartrain et le bûcheron Nicaise.

Il raconta alors, sans révéler les confidences amoureuses de Claude, ses inutiles démarches à la recherche du père de Germaine et du bûcheron.

—Il paraît que M. Chartrain est parti pour les contrées lointaines, dit l'oncle Nicolas. Il a abandonné notre patrie, voyageant avec sa fille, comme Œdipe avec Antigone... en chemin de fer.

—Œdipe avec Antigone... en chemin de fer? répéta l'épicier, raillant quand même.

La dame Gertrude fronça les sourcils.

—Je ne comprends pas que vous puissiez plaisanter, Gaillard, quand le malheur pèse sur nous, dit-elle scandalisée.

—Ah! si j'avais mon emploi de chef de bureau, reprit Gaillard, redevenant sérieux, quelle guerre je lui ferais au malheur!

Cette ouverture inspira le maître d'école.

—Il est vrai, dit-il, que si j'étais inspecteur de l'université de France, je pourrais être aussi d'un bien grand secours, nom de nom!

—Et si mon fils avait été nommé évêque, dit la tante Gertrude, nous n'en serions pas là!

Aucun d'eux n'avait abandonné ses rêves de grandeur; l'adversité avait atteint la famille au moment où ils s'attendaient à les voir se réaliser. Mais ils ne désespéraient pas encore. Ils étaient venus pour offrir leurs services, et s'informer en même temps du chemin qu'avaient fait leurs petites affaires.

Antoine leur annonça qu'il s'était démis de ses fonctions de président du tribunal.

Le tonnerre éclatant tout à coup au milieu d'eux ne les eût pas plus stupéfiés que cette nouvelle tombant avec calme et gravité de la bouche d'Antoine.

Quand ils eurent recouvré le sentiment, et avec le sentiment la parole, ce furent des exclamations de surprise, des plaintes, des gémissements, des lamentations, des reproches et des prédictions à faire pâlir Jérémie.

On aurait pu croire que Bruno, en se démettant de ses fonctions, avait dissipé et sacrifié le bien commun. Tous semblaient personnellement lésés, et avaient l'air de lui demander compte de leur part de fortune perdue.

L'oncle Nicolas, lui-même, le Nestor de la famille, oublia la dignité habituelle de son langage. Le respect emphatique dont il entourait son ancien élève, et la fierté qu'il montrait à son sujet, s'étaient soudainement évanouis. Antoine, avec sa place, avait perdu son prestige, son auréole, ses droits aux éloges de haute éloquence.

Le cousin Gaillard exhalait son désappointement en sarcasmes et en railleries, touchant à tous et à tout.

La mauvaise humeur de la tante Gertrude se manifestait par des reproches aigres-doux ; elle prophétisait à la maison Bruno le sort de Babylone.

Madeleine écoutait et se désolait.

Guillemette, effrayée du bruit discordant de ces plaintes, versait des larmes.

Mathurin seul paraissait continuer sa confiance à Antoine ; il ne disait rien.

Antoine gardait, au milieu de cette tempête, le calme d'une statue ; grave, impassible et rigide comme le devoir.

—En résumé, mon neveu, fit le maître d'école, mon âge m'autorise à vous dire que vous avez commis là un pas de clerc ; vous auriez pu me consulter. Je ne vous ai jamais refusé ni mes lumières ni mes conseils. Avant de prendre une détermination aussi grave, il eût été bien de vous souvenir que j'avais dirigé votre première éducation, et de vous en référer à ma sagesse, dont vous aviez déjà goûté les bienfaits.

— Qu'êtes-vous aujourd'hui, Antoine? dit la tante Gertrude. Vous n'êtes plus rien ! Abandonner une position si belle et si glorieuse, quel malheur ! Ce n'est pas par intérêt ce que j'en dis, mais enfin, de qui attendre aide et secours sinon de ses parents ? Vous pouviez nous aider, aider vos père et mère, votre sœur, vos frères ; vous étiez tout-puissant, et voilà que le premier garde champêtre venu a maintenant plus d'autorité que vous ! C'est la fin du monde ; c'est la ruine et le désespoir de la maison !

Et comme Boabdil, le roi maure, pleurant sur la montagne son trône perdu, la dame Gertrude invoquait le ciel ; lui seul pouvait donner à son fils un chapeau d'évêque.

—Pour moi, dit Gaillard, le cousin Antoine se démettant de ses fonctions, au moment où Claude se trouve accusé, me fait l'effet d'un capitaine qui se dépouillerait de ses armes à l'heure du combat.

—Mon Dieu ! c'est vrai, dit Madeleine. Ne veux-tu pas défendre ton frère, Antoine ? Le laisseras-tu condamner ?

Il y avait entre la manière de voir de ces braves gens et celle d'Antoine un abîme que toutes les explications imaginables n'auraient pas réussi à combler ; aucun d'eux n'était à même de comprendre son sacrifice. Il se contenta de répondre à Madeleine qu'ayant, au contraire, la ferme intention de défendre son jeune frère devant les assises, il avait dû se démettre de ses fonctions de président : un président n'étant pas autorisé à plaider.

Cette triste scène eût rempli d'amertume le cœur d'Antoine, s'il n'avait eu de bien plus graves sujets de douleur.

L'oncle Nicolas, Gaillard et Gertrude retournèrent à Rize, promettant, malgré leur déconvenue, de surveiller Pillou et de rechercher Nicaise. Quant à retrouver le père de Germaine, il n'y fallait pas songer.

Peu de jours après, Claude fut transféré à Metz. Antoine l'y suivit, emmenant avec lui les deux vieillards et Guillemette.

XIX

De la difficulté de faire le bien.

Pillou, Nathan et Malot avaient déposé dès le lendemain de l'arrestation de Claude ; leurs dépositions, on s'en souvient, étaient accablantes.

Ils attestaient avoir rencontré plusieurs fois, le soir, dans les montagnes, trois individus porteurs de ballots et armés. Un de ces individus était couvert de la casaque grise à boutons blancs, reconnue depuis pour appartenir au jeune fils Bruno, et dont un fragment avait été trouvé entre les mains du garde assassiné. Le témoignage des gardes-frontière avait confirmé leurs déclarations.

Claude arrêté, on avait cherché ses complices. Les soupçons s'étaient d'abord portés sur Pierre.

Mais tous les ouvriers de l'usine et une partie des habitants du village avaient affirmé d'une commune voix que Pierre n'avait pas quitté ses travaux d'un moment; il couchait à l'usine. Les investigations, trompées par des récits contradictoires, s'étaient égarées sur les traces de deux hardis fraudeurs déjà condamnés, et qui avaient fui à l'étranger.

Claude restait seul pour répondre du crime commis.

Il avait contre lui tous les rapports des témoins, et en outre les dépositions, bien autrement terribles, faites par la casaque grise et le chapeau de carnaval ayant servi à la première expédition de contrebande.

Quant à lui, pour se disculper, il n'avait rien : aucun témoignage, aucune preuve à décharge. Craignant de livrer le nom de Germaine au scandale d'un débat public, il avait fait des réponses embarrassées et pleines de contradictions; il s'était ainsi compromis de la manière la plus grave.

Qui pouvait croire, en effet, que ses promenades nocturnes n'avaient eu d'autre but que celui d'une innocente distraction ?

Jusqu'au dernier moment, Antoine avait espéré

découvrir Nicaise ou M. Chartrain ; leurs déclarations auraient peut-être sauvé l'accusé.

Gustave, touché de son malheur, vint se mettre à sa disposition comme ami et comme avocat.

Antoine lui fit part des indications du cousin Gaillard relativement à Pillou. Gustave alla à Rize ; mais, à son arrivée, l'usurier et ses compères, à l'exemple de Nicaise et de M. Chartrain, avaient quitté le pays. On ne savait pas ce qu'ils étaient devenus.

Il y avait dans tout cela une fatalité bien déplorable, ou un complot bien habilement organisé ; peut-être l'un et l'autre. Les dépositions écrites de Pillou, de Malot et de Nathan restaient au procès. On devait les consulter sans leur faire subir l'épreuve de la contradiction orale en face des déposants eux-mêmes. C'était le trait du Parthe : trait empoisonné, restant dans la blessure.

Bruno arriva au jour des débats, n'ayant pas de moyens de défense.

Le bruit de cette affaire avait éveillé au plus haut degré la curiosité publique. La position de l'accusé, et surtout celle du défenseur, sa réputation d'éloquence, l'intérêt qui s'attachait à son passé, le sacrifice qu'il avait fait de ses fonctions de président afin de secourir son frère, excitaient mille sentiments opposés. La foule, venue de toutes les villes du département, emplissait les rues et les places de Metz ; et parmi cette foule il y avait, comme toujours, dissidence d'opinions.

Dès avant l'ouverture de la salle des assises, des discussions animées éclataient dans les groupes. Les uns plaignaient Bruno, admiraient sa conduite et en faisaient l'éloge ; d'autres soutenaient que Claude était coupable, et qu'on devait le condamner sans avoir égard à la position de son frère.

Depuis quelque temps, par malheur, les journaux étaient pleins de récits de brigandage commis sur les frontières. Il ne se passait pas de jour qu'on ne racontât une attaque nocturne, un vol à main armée ou un assassinat. On sortait d'un hiver rigoureux, et les crimes s'étaient multipliés. Les dispositions générales n'étaient donc pas à l'indulgence. La crainte fermait les cœurs. On répétait qu'il fallait effrayer les brigands, qu'il fallait faire des exemples.

L'audience s'ouvrit. Antoine et Gustave se placèrent au banc des défenseurs.

La jeunesse de Claude, son air de candeur inoffensive, l'expression d'abattement répandue sur sa figure pâlie par l'insomnie et creusée par les larmes, la vue de Guillemette assise près de Bruno, de Guillemette, non moins pâle et non moins profondément accablée que l'accusé, émurent l'assemblée ; il y eut parmi les curieux, à l'aspect de tant de jeunesse et de douleur, comme un frémissement de surprise et de compassion.

Après les interrogatoires d'usage, Antoine se leva et commença de plaider.

Les veilles, le chagrin, et surtout l'inquiétude mortelle que lui causait cette terrible affaire l'avaient affaibli. Sur son visage décoloré, et dans son regard d'un éclat vitreux, on lisait la souffrance. Néanmoins, il s'empara de l'auditoire et le tint attentif et silencieux sous le charme de sa parole. Les moyens de défense étaient à peu près nuls ; mais la conviction, une conviction profonde, puisée aux sources du cœur, soutenait ses explications. Peu à peu cette conviction sembla passer dans l'esprit des auditeurs.

L'émotion gagnait de moment en moment, de phrase en phrase. On se sentait pris de pitié, attendri, persuadé. On se disait, avec le défenseur, qu'il n'était pas possible, en effet, que ce jeune homme à l'air bon et doux, dont les antécédents étaient sans reproche, que tout le monde aimait pour sa bonne humeur et son dévouement, se fût tout à coup rendu coupable d'un assassinat. Il y avait là un mystère, une erreur que le temps découvrirait.

Antoine, avant la fin de sa plaidoirie, avait gagné sa cause ; les larmes des assistants le lui disaient.

Malheureusement, on dut renvoyer les répliques au lendemain, et dans l'intervalle les courriers apportèrent à Metz la nouvelle de nouveaux crimes. On avait attaqué M. Dragon, le directeur des douanes, et une autre personne voyageant dans les Vosges. L'audace des brigands croissait de jour en jour. On racontait sur ces derniers attentats des détails affreux.

Claude était perdu.

Le public frémissait de colère et d'épouvante sous l'impression de ces nouvelles quand la seconde séance s'ouvrit.

En vain, Antoine, dans sa réplique, s'efforça de ramener l'intérêt sur l'accusé ; en vain il conjura le jury d'écarter de son esprit toute préoccupation étrangère à la cause ; plus éloquent et plus touchant que la veille, il ne parvint pas à obtenir une marque d'encouragement, un signe d'approbation ou de sympathie. Tous les fronts étaient plissés, tous les regards étaient durs. On lisait sur toutes les lèvres la terrible sentence...

Claude fut condamné à la peine de mort.

Bruno était anéanti de douleur. Gustave sortit de l'audience en emportant Guillemette privée de sentiment.

Le père Mathurin et Madeleine, rassurés par les paroles d'Antoine, attendaient, nous l'avons dit, le résultat du procès sans trop d'inquiétude.

Les bonnes gens, retirés dans un hôtel peu distant du tribunal, guettaient par la croisée, en devisant entre eux, l'arrivée du pauvre accusé, qu'ils croyaient devoir leur être aussitôt rendu. Ils avaient fait préparer un bon déjeuner, destiné à reconforter tout le monde, La table était dressée au milieu de la pièce principale de l'appartement. A cette table, on comptait six couverts, dont un à l'intention de Gustave.

Le dévouement du frère de Léonie avait été admirable pendant ces tristes épreuves. N'ayant plus l'espoir d'épouser Guillemette, il avait conservé à Antoine toute son amitié et lui était venu en aide autant qu'il avait pu. M. Delaroche, esprit et cœur élevés, avait compris ce devouement et l'avait encouragé.

—Une barrière insurmontable s'est dressée entre la famille Bruno et la nôtre, avait-il dit à Gustave. Nous devons renoncer absolument à des projets longtemps caressés ; mais la famille Bruno est malheureuse, elle a droit à notre assistance, quelle que soit l'origine de son malheur ; mais Antoine est un honnête homme, il a droit à notre estime.

Mathurin allait de la fenêtre à la porte de l'appartement avec impatience. Sa vue affaiblie ne lui permettait pas de reconnaître les personnes qui passaient sous la croisée. Toutes celles qui entraient dans l'hôtel, il les prenait pour Antoine ou Claude, et il courait ouvrir la porte ; il s'avançait sur le palier, puis rentrait dans la chambre d'un air déconcerté, en s'essuyant le front.

—C'est étonnant, disait-il. Avec cela qu'Antoine doit avoir une faim d'enragé, et petit Claude aussi, sans doute. Pauvres enfants !

—Oui, et le déjeuner refroidit, répondait Madeleine ; un si bon déjeuner, c'est malheureux !

—L'affaire est pourtant bien claire, reprenait le

vieillard. Claude est innocent; pourquoi le retenir, dès lors? La justice qui est juste ne retient pas les innocents.

—Certainement, et puisque Antoine a dit qu'on nous le rendrait, on nous le rendra. Mais petit Claude est si enfant! Il se sera amusé en route. Il ne sait pas que son déjeuner est prêt. Voilà.

Plusieurs heures s'écoulèrent. Les vieillards commençaient à se laisser gagner par la mauvaise humeur, quand on frappa à la porte. Mathurin alla ouvrir.

—Arrivez-donc! arrivez donc! fit Madeleine. Ah! la jeunesse! On a bien raison de dire que « qui dort dîne, » et « qui s'amuse déjeune. »

Antoine entra.

Il était pâle, triste, grave. Il faisait des efforts surhumains pour maîtriser l'explosion de douleur prête à s'échapper de sa poitrine.

—Eh bien! où donc est Claude? demanda Mathurin en allant regarder sur le palier; ne vient-il point? depuis si longtemps que nous l'attendons.

Antoine ne répondit pas; il avançait toujours dans la chambre. Il prit les mains de Madeleine, qui le considéra avec inquiétude.

A ce moment, Gustave arriva, soutenant Guillemette. L'oncle Nicolas, le cousin Gaillard et la tante Gertrude marchaient derrière la jeune fille. La tante Gertrude se précipita dans les bras de Madeleine et fondit en larmes.

—Vous n'avez plus de fils! s'écria-t-elle, vous n'avez plus de fils!

A ce cri, les deux vieillards chancelèrent comme foudroyés. Gertrude et Antoine soutinrent Madeleine; Gaillard et Nicolas s'élancèrent au secours de Mathurin. On les fit asseoir.

—Ah! tante Gertrude, dit le maître d'école, que ne m'avez-vous laissé parler? On ne crie pas un pareil malheur comme une fête de village, nom de nom! C'est le cas ou jamais d'employer les précautions oratoires, et j'avais médité un discours, d'après Bossuet, l'aigle de Meaux, qui les eût consolés. Maintenant, tout est dit; mon discours est perdu!

—Eh bien! répartit Gaillard, composez-en un autre pour vous consoler de cette perte, et donnez-moi la carafe, que je ranime ce pauvre vieux.

Mathurin et Madeleine étaient sous l'empire d'une stupeur profonde. Ils paraissaient ne plus voir, ne plus entendre, ne plus comprendre ce qui se passait autour d'eux. C'était comme un évanouissement moral. Le regard atone, les lèvres blanches et béantes, les traits immobiles, les membres inertes, ne pouvant plus se soutenir, on eût dit que le ressort de la vie était brisé en eux. On ne parvint à les ranimer qu'après plusieurs heures de soins.

Mais alors commença une scène de désolation impossible à décrire.

Et comme, à l'arrivée d'un malheur, on sent toujours le besoin de se plaindre, et que, pour ne pas se plaindre à vide, il faut accuser quelqu'un, bouc émissaire des reproches et des malédictions arrachés par la souffrance ; comme, en outre, la douleur est toujours injuste, ce fut Antoine qu'on accusa.

—O Antoine ! dit la mère en sanglotant, tu nous avais promis de nous le rendre.

—Antoine nous a trompés ! s'écria la tante Gertrude avec une exaltation insensée. Ah ! comme il nous a trompés, mon Dieu ! Tous les malheurs ! Je l'avais prédit. Il n'a pas voulu nous écouter ; il s'est démis de son pouvoir de président. C'était la fin du monde ! Mais il n'a jamais été bon pour les siens. A-t-il aidé ses frères ? A-t-il, comme il le devait, procuré un emploi à son oncle ou à son cousin? A-t-il fait obtenir à mon fils la juste récompense de ses travaux pour le salut des fidèles? Non, rien! Et aujourd'hui le monde l'abandonne, le Seigneur le repousse, la justice se retire de lui, et le pauvre Claude est la victime de sa conduite dénaturée! Il n'a pu le sauver. L'a-t-il voulu?

Ce langage de la colère, aussi cruel qu'injuste, aussi désordonné que brutal, fit frémir Bruno. Éperdu de douleur, sous le coup de l'horrible désespoir que lui causait la condamnation de son jeune frère, le malheureux se demandait si, en effet, il ne s'était pas trompé de chemin. Il doutait de lui-même; il doutait de sa conscience.

Cependant le maître d'école, bon homme au fond, choqué de la dureté de Gertrude, prit une pose olympienne, et répliqua:

—La langue d'une femme est le grelot de la folie! Tante Gertrude, la vôtre est pour le moment empoisonnée, méchante et inique. Si vous aviez compris le beau discours de mon neveu, vous ne parleriez pas comme vous le faites. Ce discours a fait verser des larmes aux juges; les murailles auraient également pleuré si elles avaient eu des yeux pour cela. C'est un monument de haute éloquence. Et si quelque chose peut nous consoler, c'est que, du malheur de Claude, soit résulté ce monument!

—Vous vous consolez avec des mots, vous, Nicolas, répartit la vieille femme. Vous vivez de paroles. Mais il n'en est pas de même de nous. Demandez à ma sœur Madeleine si un discours remplacera son fils. Demandez à Guillemette...

La tante s'interrompit. Guillemette s'était levée ; elle se jeta dans les bras d'Antoine.

—C'est bon, c'est bon, reprit Gertrude, la jeunesse est légère; elle oublie vite les absents. On sait ça.

—Tante, dit Gaillard, l'âge n'autorise pas à être dur. Ce n'est pas quand le malheur pénètre dans une maison qu'il faut y prêcher la discorde et la guerre.

—Et toi aussi, cousin? Allons, du courage! mettez-vous tous contre moi! C'est moi qui ai tort maintenant.

—Personne n'a tort, ma chère dame, se hasarda à faire observer Gustave; mais il ne faut pas non plus chercher des coupables là où il n'y a que des malheureux.

Mathurin n'avait rien dit. Il se leva et alla serrer la main d'Antoine.

—Mon fils, dit-il, je suis sûr que tu as fait ton devoir de fils et de frère. Je n'ai pas compris toutes tes actions; mais tu es plus savant que moi... Je connais ton cœur; j'y ai confiance. Si le malheur nous atteint, ce n'est point ta faute. Dieu est au-dessus de tout!

Antoine l'étreignit avec force contre sa poitrine.

—Merci, dit-il, merci, mon père! J'aurais donné.... je donnerais ma vie pour sauver Claude. Le malheur a été plus fort que moi, mais jusqu'à ma dernière heure je lutterai. Oh! il faudra bien que la lumière se fasse!

Cette scène douloureuse dura jusqu'à la fin du jour.

Quand la fatigue eut fermé les yeux des vieillards épuisés de sanglots et de pleurs, Antoine emmena Gustave hors de la chambre, le supplia de veiller sur sa famille, sortit de l'hôtel, et s'éloigna dans la direction des portes de Metz.

Bientôt il quitta la ville.

Il n'avait dit à personne, pas même à Gustave, où il allait. Le savait-il lui-même?

Le lendemain, il y eut encore bien des soupirs,

bien des larmes versées, bien des lamentations. Les paroles de Gustave, les soins de l'oncle Nicolas et du cousin Gaillard parvinrent enfin à rendre un peu de calme et d'espoir aux pauvres affligés.

Claude avait été réintégré en prison.

Guillemette l'alla voir, en compagnie de Gaillard, et bientôt de Mathurin et de Madeleine.

Ces visites étaient extrêmement pénibles. Les vieillards s'y trouvaient exposés chaque fois à de nouvelles crises.

Cependant Claude, dominant son trouble, son chagrin, et l'ardente inquiétude qui lui gonflait le cœur, affectait la plus grande tranquillité d'esprit, la plus entière confiance dans l'avenir. Il réussit de cette manière à apaiser les frayeurs de Madeleine et les transes de Mathurin.

—Vous êtes arrivés à l'âge du repos, leur dit-il un jour ; il y a bien assez de temps que vous travaillez. Il faudra prendre votre retraite, à la campagne ou à la ville. Pendant que Pierre fait manœuvrer l'usine, je dirigerai la ferme...

Le père et la mère le regardèrent avec étonnement.

—Ces arrangements ne vous conviennent-ils

pas? reprit-il. Vous croyez peut-être que je manque de force ou de courage?

—Non, cher enfant, répondit Mathurin ; mais...

—C'est ma jeunesse qui vons effraye? C'est mon habileté qui ne vous rassure pas?

—Non, non...

—Cependant, cher père, tous les ouvriers me connaissent, m'aiment et m'obéissent ; ils ne s'informent pas si je suis jeune ou vieux. D'ailleurs, je ne suis plus jeune, j'ai dix-sept ans! Ils m'ont vu à l'ouvrage, et ils savent que je travaille autant que le plus âgé d'entre eux...

—Ce n'est point tout cela, interrompit Mathurin.

—Qu'est-ce donc alors? Je vous ai dit que j'avais acheté des livres d'agriculture. Ces livres, je les ai étudiés; de plus, je suis allé voir, quand j'étais à Rize, la ferme de Grandpré, la plus riche ferme du pays, tenant au château de Grandpré. Là sont mis en œuvre de nouveaux modes d'assolement et d'ensemencement très-ingénieux et d'un très-beau rapport. On me les a expliqués et je les ai compris. Pourquoi ne les appliquerais-je pas à votre ferme? Y voyez-vous des inconvénients?

—Non, mais...

—Je comprends ce qui vous inquiète, c'est de me voir ici. Vous vous dites qu'il faut d'abord en sortir, et vous vous demandez comment j'en sortirai. Soyez sans crainte. Si j'étais en danger, est-ce que vous me verriez aussi calme, faisant de beaux projets? Non, je suis tranquille, parce que je suis sûr de vivre... pour vous. Soyez sans crainte, vous dis-je : Antoine veille sur moi.

Le courage et l'intelligence du noble enfant avaient grandi dans le malheur. Il est vrai que si, devant ses vieux parents, il se dominait assez pour trouver des paroles de consolation et d'espoir, il tombait, dès qu'ils étaient partis, dans un abattement plus grand de jour en jour.

Gustave lui avait fait signer une demande en pourvoi contre le jugement de la cour d'assises; mais le pourvoi pouvait être rejeté.

Un matin, Guillemette le surprit, les yeux noyés de larmes, pâle, accablé.

—J'ai fait, cette nuit, un rêve affreux, dit-il à la jeune fille en s'efforçant de sourire. J'ai rêvé qu'on me coupait les cheveux et le col de mon habit. J'entendais sous les fenêtres de la prison les cris de la foule, le piétinement des chevaux des gendarmes. Un homme est entré, il m'a dit de le suivre. Cet homme était l'exécuteur ; je l'ai suivi. En sortant, j'ai vu l'échafaud, et dessus l'horrible instrument, toi, ma chère Guillemette, en robe blanche, une couronne d'oranger sur la tête : tu m'attendais. Quand je fus monté près de toi, tu me dis :

« Nous mourrons ensemble ! »

Alors je poussai un cri effrayant, et je m'éveillai, comme tu le vois, des larmes plein les yeux... Quelle folie qu'un pareil rêve !

—Non, répondit Guillemette, ce n'est pas une folie ! Ce rêve, je l'ai fait—non pas cette nuit, mais toutes les nuits, mais tous les jours. Que je dorme ou que je veille, je te vois marchant au supplice. Ah ! c'est affreux ! Écoute-moi bien, Claude ; si tu meurs, je meurs. Ton rêve a raison : nous mourrons ensemble ou nous nous sauverons ensemble.

—Comment? que veux-tu dire ?

—Que si tu m'aimes, tu m'obéiras, ce soir ; et que je te sauverai, et avec toi, moi !...

Guillemette ne voulut pas s'expliquer davantage, remettant au soir l'exécution d'un projet de délivrance qu'elle avait préparé.

XX

Le cœur et la conscience.

Il existait, nous l'avons dit, une extrême ressemblance physique entre le frère et la sœur.

Tous les deux blonds, à peu près de même taille, ils avaient les mêmes traits de visage, la même fraîcheur rose et transparente de la peau, le même azur des yeux; à les voir, on eût dit deux jumeaux, nés à la même heure, du même souffle de vie.

Élevés ensemble, ne s'étant jamais quittés, leurs caractères s'étaient modelés l'un sur l'autre, et la ressemblance physique se trouvait pour ainsi dire reproduite au moral. Ils possédaient les mêmes goûts, les mêmes habitudes, les mêmes sentiments. Ils s'aimaient autant que frère et sœur puissent s'aimer, au sein même de la famille, à l'ombre du berceau où ils ont dormi ensemble.

Seulement, Guillemette, d'une année plus âgée que Claude, avait, en sa qualité de jeune fille, l'esprit plus développé, la volonté plus ferme, l'initiative plus prompte ; c'était elle qui dirigeait. Claude, doux et bon jusqu'à la faiblesse, quoique robuste et brave, subissait instinctivement, et sans s'en apercevoir, l'ascendant de cette supériorité.

Le soir venu, quand Guillemette se représenta dans la cellule, elle trouva le prisonnier assis sur son grabat, le front dans ses mains, et réfléchissant tristement aux paroles qu'elle lui avait adressées le matin.

—Cher Claude, dit la jeune fille, nous n'avons pas de nouvelles d'Antoine. Ce qu'il est devenu, nous l'ignorons. Cependant M. Gustave montre une grande inquiétude. Hier, il m'a dit des choses qui m'ont fait trembler pour toi, pour nous. Et j'ai décidé que je te sauverais. Tu sais bien que nos père et mère mourraient si tu mourais ; et moi donc !

Des larmes coulaient le long de ses joues; elle parlait d'une voix entrecoupée de sanglots.

—Non, non, ne pleurons pas ! reprit-elle en redressant la tête avec fermeté ; ce n'est pas le moment de pleurer. Il nous faut tout notre courage.

—Que veux-tu faire, chère Guillemette ? demanda Claude, interdit et pâle. Ah ! je ne crains pas la mort. J'ai bien réfléchi depuis que je suis en prison. J'ai regardé par delà le tombeau. Ce que j'y ai vu ne m'effraye plus.

—N'y as-tu pas vu notre désespoir à tous ? demanda la jeune fille en frémissant.

—Ah ! si je ne vous avais pas... mais vous êtes les liens qui me rattachent à la vie !... Quand je pense à la mort, il y a des moments où j'ai le frisson, d'autres où cela m'est indifférent ; quand je pense à vous, je pleure toujours... Mais parle, quel est ton projet ?

—Écoute. J'ai lu dans un livre qu'une noble dame avait sauvé son mari, condamné comme toi à la mort. Elle lui a procuré le moyen de sortir de prison, couvert de ses propres vêtements. Ce que cette généreuse femme a fait pour son mari, j'ai résolu de le faire pour toi, mon frère...

Sans doute elle voulait parler de madame de Lavalette.

—Je ne te comprends pas, dit Claude.

—Tu vas me comprendre. Il est cinq heures. Dans une demi-heure, le cousin Gaillard, qui m'a amenée, reviendra me chercher. D'ici là, tu vas revêtir la robe que je porte. Celle-ci, elle est noire; les gardiens ont dû la remarquer ; ils me la voient tous les jours ; j'en ai une autre par-dessous. Nous sommes de même taille. Je t'arrangerai de manière à ce qu'on te prenne pour moi. Et quand le cousin viendra, tu sortiras avec lui à ma place.

—Mais toi ?

—Moi, je resterai ici. Nous ne pourrions pas sortir ensemble.

—Tu resteras ici, en prison ? Quelle extravagance ! Et tu crois que j'y consentirai ?...

—Pas d'objections ! Nous n'avons pas le temps de discuter. Tiens, voici ma bourse. Tu trouveras au bout de la rue une voiture attelée d'un bon cheval. Tu monteras dedans. Il y a des habits ; tu pourras en changer, si tu le veux. On te conduira hors de la ville.

—Qui me conduira ?

—Jean, mon frère de lait. Aie confiance, il sait la route, il te conduira chez lui ; ce n'est pas loin. Son père est prévenu ; il vous attend, et il te cachera. N'aie pas peur ; il m'a répondu de toi comme de son fils.

—Mais le cousin Gaillard?

J'ai dû lui dire ce que je voulais tenter. Il nous secondera. Quand je sors, les geôliers,—écoute bien,—les geôliers s'approchent de moi et me regardent. Tu mettras ton mouchoir sur tes yeux, comme lorsque l'on pleure. Depuis quelques jours, je fais ainsi, afin de les habituer... A moins d'imprudence de ta part, ils te laisseront passer, te prenant pour moi. Il y a aussi des gendarmes dans la cour ; mais en donnant le bras au cousin, tu auras la précaution...

—Non, non, interrompit Claude avec animation, je ne te laisserai pas seule ici, ma chère Guillemette ! Dès que les geôliers auraient découvert mon évasion, si tant est que je réussisse à m'évader, tu deviendrais la victime de leur fureur. Jamais !

La jeune fille le considéra sans mot dire, mais une grande pâleur se répandit sur sa figure, tandis que les larmes noyaient son regard. Le prisonnier fut effrayé de cette expression inaccoutumée de son chagrin.

—Voyons, voyons, reprit-il, ce déguisement,

cette fuite, tout cela c'est de la folie ! La peur t'égare, ma pauvre Guillemette. Et puis je ne suis pas heureux dans mes déguisements, tu le sais bien. On me reconnaîtrait, et on se moquerait de moi. On rirait à ma mort, si je dois mourir.

—Claude, répondit la jeune fille d'une voix brisée, veux-tu donc notre désespoir à tous ? Oh ! je t'en supplie, laisse-moi te sauver ! laisse-moi te sauver ! Demain... demain, peut-être, il ne sera plus temps !

Claude tressaillit et pâlit à son tour.

—Nous n'avons à nous qu'une demi-heure, reprit Guillemette en lui saisissant la main avec force, cette demi-heure écoulée, nous ne nous reverrons peut-être plus !... Au nom de nos pauvres vieux parents, Claude, laisse-moi te sauver !

Il y avait tant d'épouvante et de douleur dans ces prières que le prisonnier se sentit vaincu, désarmé.

—Je ferai tout ce que tu voudras, dit-il.

Guillemette se précipita dans ses bras en poussant un cri de satisfaction. Sa pâle figure s'éclaira. En un moment elle eut défait la robe qui devait servir à déguiser Claude. Mais un bruit de pas retentit. D'un geste rapide, elle cacha le vêtement derrière le lit du prisonnier.

La porte s'ouvrit. Mathurin, Madeleine et l'oncle Nicolas entrèrent.

L'oncle Nicolas aidait Madeleine à marcher. La pauvre femme s'élança, ou plutôt se laissa tomber sur la poitrine de Claude qui s'était avancé pour la recevoir; et sans prononcer une parole, elle fondit en larmes. Claude et Nicolas la firent asseoir.

—Mon enfant, dit le maître d'école, dont la voix était singulièrement altérée, il ne faut pas désespérer encore. Nous sommes abusés par un faux bruit : c'est mon opinion. La crainte produit la crédulité. Cependant il ne faut pas non plus... Tu sais qu'à tout âge on est exposé à quitter le banquet de la vie. Il y en a qui s'en vont après la soupe; bien peu arrivent au dessert. Le dessert, c'est une récompense. Toi, tu as commis une faute; tu as voulu tromper la loi, et la loi s'est trompée à son tour à ton égard. C'est une leçon bien sévère, je l'avoue; mais tu ne l'oubliras pas, et cela te profitera...

—Ah! taisez-vous, Nicolas! s'écria Mathurin en sanglotant. Où voulez-vous que ça lui profite?

Où ?... répéta le maître d'école, la bouche béante.

Puis il se tut, et son front se pencha sur sa poitrine.

Le vieux Mathurin soutenait Madeleine qui, assise sur un banc, semblait au moment de s'évanouir, étouffée par les larmes.

—Claude, Claude ! dit la malheureuse, viens près de moi, près de moi. Ils n'oseront pas t'arracher à ta mère !

—Chère mère, répondit le prisonnier, de grâce, calmez-vous. L'oncle Nicolas a raison ; il ne faut pas désespérer.

—Mon pauvre enfant ! dit Mathurin écrasé de douleur.

Bientôt on n'entendit plus dans la cellule qu'un bruit confus de gémissements, de soupirs, et de paroles entrecoupées.

L'oncle Nicolas s'efforçait de maîtriser son émotion ; il lutta quelques instants et fut vaincu.

Il s'assit et laissa couler ses larmes.

Cependant le brave homme ne voulut pas abandonner le rôle de consolateur qu'il s'était imposé.

Après un moment, il se mit à adresser à Claude

les phrases les plus stoïques de son répertoire.

—Un homme, dit-il, ne doit ni pleurer ni trembler, ni pâlir, même devant la mort!...

Et les larmes baignaient ses joues, plombées par le chagrin.

—Tout homme digne de ce beau nom, reprit-il en croisant les bras pour étouffer ses sanglots, doit imiter cet empereur romain qui se contraignit à mourir debout. Qu'est-ce que la mort? c'est la fin de la vie...

Claude, allant de l'un à l'autre, cherchait à rassurer tout le monde.

— On ne meurt pas comme cela, disait-il. Je suis innocent; on ne tue pas un innocent! Au nom du ciel! ma mère, mon père, mon oncle, un peu de courage! J'ai besoin de toute ma fermeté; ne me l'enlevez pas!

En présence de ces tumultueuses explosions de désespoir, le malheureux se sentait faiblir, et il se roidissait.

Guillemette, à l'arrivée des visiteurs, était restée pétrifiée de crainte. Elle ne les avait pas informés de ce qu'elle voulait tenter. C'eût été redoubler leurs transes, et peut-être provoquer des indiscrétions. Cependant cette visite empêchait l'exécution de son projet.

—Chers parents, dit-elle d'un ton ferme et grave, il reste à Claude une chance de salut. Au nom de l'amour que vous lui portez, retirez-vous !

—Tu veux que nous quittions notre cher enfant? répondit Madeleine avec douleur ; notre enfant que l'on menace?... Oh ! non, jamais!

Et elle étreignit Claude de ses mains crispées.

C'était à désespérer !

Par bonheur, la tante Gertrude arriva. Elle était dans un état d'exaltation délirante, poussant des cris, des plaintes et des soupirs à faire crouler les murs. A peine entrée, elle tomba sur le carreau et fut prise d'une attaque de nerfs.

On s'empressa autour d'elle.

Pendant qu'on s'occupait de la relever et de la secourir, Guillemette entraîna Claude au fond de la cellule, derrière un appentis formé par la cage d'un escalier.

Aussitôt elle le revêtit de la robe, lui arrangea les cheveux, le coiffa d'un bonnet, et le rendit, autant qu'il se pouvait, semblable à elle-même d'air et de tournure. Au premier regard, on devait y être trompé.

Le tumulte qui se faisait autour de Gertrude évanouie n'était pas apaisé au moment où le cousin Gaillard pénétra dans la chambre. Claude, poussé par Guillemette, alla vers lui, et lui prit le bras. Gaillard examina, d'un rapide coup d'œil, le travestissement du prisonnier, et parut satisfait.

Il l'emmena immédiatement.

—Cache ton visage, malheureux ! lui dit-il, voyant que Claude oubliait cette précaution importante.

En même temps, il lui passa son mouchoir. Claude se cacha le visage, suivant les recommandations de Guillemette, et feignit de pleurer.

Un porte-clefs se tenait au dehors de la cellule, chargé d'ouvrir et de fermer la porte. Gaillard l'appela. La porte fut ouverte. Ils sortirent, et arrivèrent sans mésaventure dans la salle des geôliers. Ceux-ci vinrent à eux. Le prisonnier, au bruit de leurs pas, sentit son sang se glacer dans ses veines : il tremblait ; sa respiration était haletante ; il serrait avec force le mouchoir sur sa figure.

—La tante du condamné expire au milieu d'épouvantables convulsions, dit Gaillard aux geôliers ; nous allons chercher des secours.

—Je puis envoyer le médecin de la prison, répondit le chef des gardiens.

—Cette jeune fille est aussi très-mal, reprit le cousin Gaillard en désignant la fausse Guillemette : elle vient d'avoir une attaque de nerfs.

—Alors il ne serait pas prudent de l'emmener dehors. La marche pourrait lui causer une nouvelle crise. Si vous voulez vous arrêter chez moi...

Et le gardien, les invitant à le suivre, se dirigea vers une des portes de la salle.

—Non, répondit Gaillard qui commençait à trembler. Je vous remercie de votre bonté, monsieur ; c'est au contraire de grand air qu'elle a besoin.

Un moment encore, et Claude perdait contenance, et Gaillard se troublait. La situation était affreuse. Heureusement le gardien n'avait pas de soupçons.

— Comme il vous plaira, dit-il, en revenant sur ses pas.

Ils sortirent de la chambre et pénétrèrent dans la cour. Cette cour était surveillée par un poste de gendarmes. Quelques-uns d'entre eux vinrent rôder autour de nos héros, et les examinèrent avec attention, Ils ne découvrirent rien à reprendre.

Gaillard et Claude marchaient toujours. Ils atteignirent enfin la dernière porte de la prison, celle qui donnait sur le chemin, sur la vie, sur la liberté !

Cette porte franchie, Claude était sauvé.

On l'ouvrit devant eux.

Mais, la porte ouverte, ils se trouvèrent face à face avec Antoine. Gaillard tressaillit. Le condamné écarta un peu le mouchoir qui l'aveuglait, et, reconnaissant Antoine, il oublia le danger, et se découvrit le visage.

—Qu'est-ce? dit Bruno étonné. Une évasion?

—Chut ! fit Gaillard ; pas un mot, vous nous perdez. Laissez-nous passer.

—Non, répondit fermement Antoine ; Claude ne doit pas sortir d'ici comme un criminel qui s'évade. Il en doit sortir comme un honnête homme dont on reconnaît et proclame l'innocence. Renoncez à votre projet. Rentrons !

Le cousin Gaillard et Claude, croyant qu'Antoine leur apportait un acte de mise en liberté légal et régulier, rebroussèrent chemin et le suivirent sans résistance.

Ils rentrèrent tous ensemble dans la prison.

XXI

La cruauté du devoir.

Guillemette, en voyant revenir Claude et Gaillard, sentit son cœur se fondre dans sa poitrine; elle pensa que le prisonnier avait été reconnu. Haletante d'effroi, elle se précipita vers lui.

Mais à ce moment apparut Antoine.

—Eh! eh! dit Gaillard, nous nous sauvions comme des voleurs, quand nous pouvons sortir comme des honnêtes gens. On nous aurait traités en criminels, au lieu de nous saluer comme des victimes. L'innocence de Claude est établie, prouvée, déclarée, poursuivit-il plus haut. Et voici le cousin Antoine qui nous apporte la vie et la liberté du prisonnier dans la poche de son habit.

Toutes les expressions de la surprise et du bonheur se réfléchirent sur les visages.

Gertrude, revenue au sentiment, Madeleine et Mathurin regardaient Antoine et Gaillard avec stupéfaction, tandis que Guillemette, Claude et l'oncle Nicolas s'empressaient autour d'eux en jetant des cris de joie insensée.

Quand Gaillard eut répété ce qu'il venait de dire, et qu'on l'eut bien compris, ce fut un concert d'actions de grâces, au milieu duquel il était impossible de s'entendre. On riait, on pleurait, on s'embrassait. On entourait Antoine, on l'accablait de questions. On n'écoutait pas ses réponses et on se réjouissait comme s'il eût confirmé les paroles du cousin Gaillard.

—Soyez béni, Antoine! disait Madeleine avec exaltation. Ah! mon cœur ne doutait pas de vous!

—Moi, je n'ai jamais douté de mon fils Antoine, s'écriait Mathurin avec fierté. Je sais ce qu'il vaut. C'est le trésor de la famille!

—Moi, je lui demande pardon, disait Gertrude. J'ai eu tort de l'accuser, je le reconnais.

La voix de basse-taille du maître d'école dominait le tumulte.

—Glorieuse famille! s'écriait-il, les bras croisés sur la poitrine, et en secouant sur sa tête la mèche de son bonnet de soie noire ; — glorieuse famille ! qui compte dans son sein une Guillemette et un Antoine ! Guillemette, l'héroïne du dévouement, et Antoine, le héros du devoir !

Cependant, au milieu du bruit des éloges et des félicitations, Bruno gardait une attitude triste, accablée. L'expression douloureuse de sa physionomie contrastait avec l'air de fête répandu sur les figures qui l'environnaient. Plusieurs fois, il avait essayé de parler, mais l'hésitation, le trouble, la faiblesse de sa voix à demi éteinte d'épuisement, avaient trahi ses efforts. On ne l'avait pas entendu.

Quand le bruit fut un peu calmé, il parut vouloir révéler ce qu'il avait à dire, mais il hésita encore. Enfin, questionné sur les démarches qu'il avait faites :

— Je n'ai pas réussi ! répondit-il. Mes démarches n'ont amené aucun résultat décisif, aucune découverte où l'on pût fonder un espoir sérieux. J'ai parcouru tout le pays ; Nicaise et M. Chartrain ont échappé à mes recherches. Cependant j'ai obtenu quelques renseignements sur eux, et j'ai chargé des personnes de confiance de suivre leurs traces.

Ces paroles produisirent l'effet d'un seau d'eau glacée tombant dans la chaudière d'une machine à vapeur. Tout mouvement s'arrêta. Les assistants demeurèrent muets et immobiles ; on les aurait cru pétrifiés.

—Cependant, cousin Antoine, vous nous apportez la grâce de Claude? demanda Gaillard après un silence.

—Non, répondit Antoine, et je déplore que vous m'ayez mal compris.

—Si vous ne nous apportez pas la grâce de Claude ou la certitude de son acquittement, pourquoi alors m'avoir barré le passage quand j'étais au moment de le faire évader?

—Parce qu'il n'appartient qu'à la loi de délier ce que la loi a lié, répondit Bruno d'un ton ferme et triste ; parce que les arrêts de la justice doivent être respectés et obéis, même dans leurs erreurs...

Un murmure s'éleva.

—En outre, Claude n'aurait-il pas laissé son honneur en prison?

Les assistants ne pouvaient pas comprendre un pareil langage.

—Ainsi, dit Gertrude, quoique reconnaissant

que l'on s'est trompé en condamnant votre malheureux frère, vous ne voulez pas qu'on le sauve? vous voulez qu'il meure? Ah! c'est affreux, Antoine! Décidément, vous n'aimez pas votre famille, vous n'aimez pas votre frère, et vous serez son meurtrier!

Ces violentes paroles furent le signal d'une nouvelle explosion de reproches et de plaintes à l'adresse d'Antoine.

—Mais c'est de l'exagération! disait Gaillard. Il n'y a pas d'exemple d'une pareille conduite...

—Oui, dit le maître d'école vivement agité, je l'avoue... je le confesse... cela me passe... c'est horrible et c'est beau! Voilà mon opinion.

Gertrude et Madeleine étaient retombées dans les attaques de nerfs. Mathurin et l'oncle Nicolas s'occupèrent de les secourir. Guillemette était anéantie.

Claude s'approcha de Bruno, et, l'entourant de ses bras, il lui dit tout ému :

—Cher Antoine, ce que tu fais est bien. Va! je ne me plains pas; je sais que tu m'aimes et que tu me sauveras. Mais, quand tu ne pourrais pas me sauver, je t'aimerais toujours autant. Embrasse-moi!...

Antoine l'embrassa, et une larme tomba de ses yeux sur le front du noble enfant.

—J'ignore si je parviendrai à te sauver, lui dit-il, mais ce dont je puis te répondre, Claude, c'est que... je ne te survivrai pas longtemps. Je le sens là, ajouta-t-il d'une voix douloureuse, en posant la main sur son cœur,

XXII

Un rayon de lumière.

L'émotion, la fatigue et le chagrin avaient épuisé les forces d'Antoine. Il était brisé. La fièvre le dévorait.

Pendant plusieurs semaines il avait parcouru le pays, voyageant nuit et jour, sans repos, sans sommeil, sans espoir, torturé d'inquiétudes, déchiré de regrets, en proie au doute.

Il sentait s'obscurcir dans sa conscience la lumière qui l'avait dirigé jusqu'alors :—la loi,— et faiblir sous le poids de la douleur le levier de son existence :—le devoir.

Il avait la certitude morale de l'innocence de Claude, et Claude avait été condamné. Il ne devait pas tenter de le sauver en employant d'autre secours que celui de la loi ; et la loi, ou plutôt la fatalité des événements lui refusait ce secours.

Cependant, laisser éxécuter une sentence entachée d'erreur, ne pas s'y opposer par tous les moyens, n'était-ce pas, comme le disait Gaillard, se rendre complice d'un meurtre? Pour l'opinion trompée, ce meurtre du condamné était une juste peine ; mais pour lui, Antoine qui connaissait la vérité, pour lui, convaincu de l'innocence de Claude, c'était un assassinat !

Il se disait cela. Il cherchait dans sa raison ébranlée un point d'appui, une base, une règle de conduite, et n'en trouvait plus.

Le vrai et le faux, le bien et le mal, le juste et l'injuste, confondus et brouillés, ne lui offraient plus de notions distinctes.

Il doutait ; il s'accusait ; il souffrait cruellement.

Rétiré à l'hôtel, seul dans une chambre, tandis que sa famille, réunie dans un appartement voisin, le chargeait de sanglants reproches et de malédictions, il se laissait aller à la fièvre de ses pensées douloureuses.

Prendre un parti, il ne l'osait plus.

Comme le voyageur égaré pendant la nuit au milieu de précipices, il ne savait où diriger ses pas. Tout était abîmes, ténèbres et chaos autour de lui! Abandonné et fui de ses parents, il était prêt à joindre ses malédictions contre lui-même à celles qu'il sentait confusément bruire à ses oreilles et dont il était l'objet.

Cette crise terrible, où s'anéantissait sa raison, dura plusieurs heures.

Le souvenir de Claude, de Claude résigné à mourir, et qui l'avait embrassé au moment où il aurait pu l'accuser de sa mort, lui faisait saigner le cœur et jaillir les larmes des yeux !

Mais Bruno était un homme fortement trempé. Il se redressa sous le fardeau de la douleur, et, décidé à lutter jusqu'au bout contre la mauvaise fortune, à tenter jusqu'à la dernière seconde de sauver son jeune frère, il rappela à lui sa raison, et, l'enfermant dans les étroites prescriptions du devoir, il se mit à réfléchir.

De mauvaises nouvelles étaient arrivées relativement au pourvoi ; du reste, il ne fallait pas compter, en l'état des choses, sur un verdict meilleur au cas d'un renvoi devant une autre cour d'assises. Antoine ne pouvait espérer que dans le résultat des démarches qu'il avait faites ou qu'il pourrait faire.

Parviendrait-il à découvrir Nicaise ou M. Chartrain ? tout était là.

Il avait envoyé sur leurs traces. Quoique plein de confiance dans l'intelligence et la fidélité de ses émissaires, il résolut de se remettre dès le lendemain en campagne.

Mais à peine avait-il pris cette résolution qu'il entendit frapper à la porte de sa chambre.

Il ouvrit.

Une jeune fille entra. Elle était vêtue de deuil. Antoine ne la connaissait pas.

—Monsieur, lui dit-elle d'une voix tremblante, je vous demande pardon de venir vous déranger à une pareille heure,—il était neuf heures du soir ;—mais ayant été, bien involontairement, grand Dieu ! la cause du malheur de votre famille, de votre frère...

—Vous êtes mademoiselle Germaine Chartrain? interrompit Bruno d'une voix étouffée par l'émotion.

—Oui... murmura la jeune fille.

Antoine sentit ses genoux fléchir, un nuage passa devant ses yeux. Il leva les bras au ciel, éperdu, haletant, et se laissa tomber sur un siége en faisant signe à mademoiselle Germaine de s'asseoir.

M. Chartrain était mort. C'était lui qui avait été attaqué dans les montagnes, à la même époque que M. Dragon ; et, par une déplorable coïncidence, la nouvelle de ces attaques était, on s'en souvient, parvenue à Metz au moment du jugement.

Après un moment de silence, pendant lequel Bruno s'efforça de rappeler ses sens près de l'abandonner, Germaine raconta que son père, apprenant l'arrestation de Claude, avait aussitôt quitté le pays. Il craignait d'être appelé au procès en qualité de témoin ; il craignait, — ce que Germaine ne dit pas, — que la révélation des mystérieuses visites de Claude à la villa Chartrain ne compromît la réputation de sa fille. Il était parti à l'improviste, sans instruire personne du lieu où il se rendait ; il avait emmené Germaine dans une autre ferme qu'il possédait près de la frontière. A peu de semaines de son départ, il avait été attaqué en revenant le soir d'une partie de chasse.

Germaine termina son récit en disant que, libre de ses actions et informée du danger de Claude, elle était venue lui apporter son témoignage.

Bruno, remis de son trouble, la questionna, oppressé de bonheur. Elle avait été découverte et amenée par un de ses émissaires. Elle lui donna sur les visites de Claude et ses promenades nocturnes les détails les plus précis, en détermina les dates et les heures, et révéla avec la franchise d'un cœur pur, ce chaste et frais poëme d'amour qui avait eu pour témoins le vert feuillage du printemps et les étoiles du ciel : Claude sur la pelouse au pied de la villa, et Germaine à sa croisée ombragée de lierre. Elle dit les incidents qui avaient marqué la dernière visite, la dénonciation de Pillou à son père, la colère de M. Chartrain, et l'effroi qu'elle en avait conçu.

—Mais, ajouta-t-elle avec fermeté, je ne dois pas laisser périr un innocent !

—Non, chère demoiselle, vous ne le devez pas, répondit Bruno, qui se sentait revivre. Mais aurez-vous la force de répéter ces révélations devant un tribunal ?

—M. Claude a bien eu le courage de les taire quand il s'agissait de sa vie, répliqua la généreuse jeune fille.

C'était un soir de bonheur ; Antoine dut le croire.

En effet, Germaine n'était pas sortie de la chambre qu'un individu, couvert de guenilles et tremblant comme un coupable, y fut introduit.

Ce visiteur, Antoine le reconnut.

C'était Nicaise.

Le bûcheron, épuisé de lassitude, bouleversé de crainte et de douleur, tomba aux pieds de celui qui l'avait sauvé autrefois des conséquences d'une accusation criminelle, et, les larmes aux yeux, il se meurtrit la poitrine en poussant des gémissements.

Quand il fut un peu calmé, Antoine le releva et le fit asseoir.

—Nicaise, lui dit-il, je sais que Claude vous a donné sa casaque grise, un matin de cet hiver, pour garantir de la neige vos épaules nues.

—C'est vrai, répondit le bûcheron, et je ne voulais pas la recevoir, car je savais que ce don lui porterait malheur. Mais il a refusé de la reprendre. C'est le sort.

—On vous a dit qu'elle avait été trouvée entre les mains d'un garde assassiné, et que celui à qui elle appartenait au moment du crime était considéré comme l'assassin ?

—On me l'a dit ; ce doit être vrai.

—Nicaise, je ne puis croire que ce soit vous.

—Non, non ; ce n'est pas moi ; je ne mange pas de ce pain-là !...

Il ajouta qu'il avait vendu, pour un lièvre, un pain blanc et un boisseau de blé noir, le funeste vêtement à M. Pillou.

Ce renseignement fut pour Antoine un trait de lumière.

L'usurier se couvrant, comme d'un déguisement de contrebande, d'une casaque connue dans le pays pour appartenir à Claude, devait faire porter les soupçons sur le jeune Bruno, s'il était aperçu. Et pour assurer le succès de son infernale ruse, il avait eu le soin de répandre dans la contrée des bruits perfides destinés, en cas d'événement, à préparer une accusation.

Après le crime commis, il était allé trouver M. Chartrain, et lui avait dénoncé les visites du frère d'Antoine à la villa. De ce moment, en effet, il n'avait plus besoin que Claude continuât ses promenades nocturnes dans la montagne.

Il y avait, dans ce plan de contrebande et de vengeance, une habileté machiavélique qui terrifia Bruno.

—Pourriez-vous établir par des témoignages

que vous avez vendu votre vêtement à M. Pillou? demanda-t-il au bûcheron.

Nicaise réfléchit, puis il répondit :

—Personne ne nous a vus. C'était dans la forêt. J'étais en train de travailler aux fagots. M. Pillou s'approcha de moi. Il revenait de la chasse ; il avait un lièvre à la main.

«—Bonjour, imbécile, qu'il me dit.

«—Bonjour, compère, » que je lui fis.

Il aperçut le vêtement, que j'avais plié et posé sur une branche d'arbre.

«—Qu'est-ce que c'est que ça? qu'il me dit,

«—C'est une casaque que petit Claude vient de me donner, que je lui fis.

«—Et pourquoi ne la mets-tu pas sur tes épaules? qu'il me dit.

«—Pour ne pas l'abîmer à la neige qui tombe, que je lui fis.

«—T'as de l'esprit, Nicaise, qu'il me dit. Veux-tu gagner un lièvre et un pain blanc?

»—Ça n'est pas de refus, que lui fis. »

Alors, il prit la casaque, en promettant de me donner un lièvre, un pain blanc et un boisseau de blé noir. Même qu'il ne m'a rien donné du tout.

—Et pourquoi avez-vous quitté le pays? demanda Bruno.

—Parce que Malot m'a dit que la justice me poursuivait comme ayant volé cette maudite casaque que Pillou m'a volée. Alors, ça m'a donné des jambes.

C'était encore un des émissaires d'Antoine qui avait découvert ce pauvre diable et l'avait envoyé à Metz.

Cependant ses révélations se présentaient dénuées de preuves ; on pouvait n'y voir qu'une fable inventée pour les besoins de la cause.

Antoine, que l'arrivée de Germaine et du bûcheron, cherchés et attendus comme des sauveurs, avait rempli d'espoir, retombait dans ses perplexités.

Nicaise était loin d'avoir une de ces positions qui commandent la confiance. Son témoignage en faveur du frère de celui qui l'avait défendu autrefois pourrait être suspecté, peut-être incriminé, n'étant soutenu par aucune vraisemblance.

Et croirait-on, en l'absence de M. Chartrain, à la déposition de Germaine?

Antoine passa une nuit affreuse.

Par une amère dérision du sort, les secours qu'il avait appelés et où il avait mis toutes ses espérances lui arrivaient tellement incertains qu'on pouvait les tourner contre lui.

Mais c'étaient là, grâce au ciel, les derniers traits de la fatalité, les derniers coups de la tempête de malheur qui avait assailli sa vie.

XXIII

Derniers exploits de M. Pillon.

Le lendemain, de grand matin, Bruno vit arriver chez lui Gustave avec un empressement joyeux.

Le frère de Léonie lui annonça l'arrestation de Malot, accusé de complicité dans l'attaque à main armée dirigée contre M. Dragon.

Malot avait fait des aveux. Quels aveux ? On l'ignorait.

Cependant il importait aux deux amis de le savoir.

Ils se rendirent aussitôt à Rize.

A leur arrivée, ils trouvèrent la force armée en campagne.

On entourait les maisons de Pillou et de Nathan. Tout le village était debout.

Les propos les plus extravagants, les plus contradictoires, circulaient dans les groupes. Mais, quels que fussent ces propos, ils exprimaient une profonde terreur. Pillou et ses compères étaient redoutés. On s'attendait à des luttes, à des catastrophes. Ils avaient une réputation d'audace et de férocité extraordinaires. Cette réputation avait fondé leur influence et protégé pendant de longues années le mystère de leur conduite, l'insolence de leurs méfaits. Tout le monde les soupçonnait des crimes commis ; personne n'osait les en accuser. On les maudissait à l'intérieur des maisons, et on les saluait dans la rue.

Un détachement de soldats avait été envoyé de la ville pour les arrêter.

Leurs habitations étaient contiguës ; on pouvait pénétrer de l'une dans l'autre ; c'était un repaire à plusieurs issues.

Après les sommations d'usage, les soldats enfoncèrent une porte et entrèrent avec précaution...

Ils se trouvaient chez Pillou.

Au bruit de leurs pas, au retentissement des

coups de crosse de fusil frappant contre les planchers et les murailles, personne ne répondit. Il semblait que le repaire fût abandonné.

Les soldats se répandirent dans les chambres du rez-de-chaussée et du premier étage, et, sous les ordres de leurs chefs, ils se mirent à fouiller les armoires et les cabinets.

Il n'y avait partout que des amas de paille et de bois ; surpris de cet étrange mobilier, les chefs se consultaient et se disposaient à descendre dans les caves, quand tout à coup un cri de terreur se fit entendre :

—Au feu ! au feu !

En un moment, l'incendie envahit la maison.

Chefs et soldats se précipitèrent vers la porte ; elle était obstruée de débris enflammés. On eût dit que le feu avait été mis de tous les côtés en même temps. Les planchers s'effondraient sous les pieds, les plafonds croulaient sur les têtes. Des jets de flamme, des tourbillons de fumée sortaient de toutes les fissures. Les murs s'allumaient. Les soldats, aveuglés, étouffés par la fumée, erraient au milieu de cet enfer, cherchant une issue qui leur permît de s'échapper. Un d'eux brisa une fenêtre et sauta au dehors ; les autres le suivirent.

Mais au dehors l'incendie étendait ses ravages. Parti de meules de foin appartenant à Pillou, il se propageait de maison en maison par les toitures de chaume.

Les habitants, saisis d'épouvante, poussaient des cris d'alarme et couraient çà et là dans une affreuse confusion. Les uns s'efforçaient d'arracher à l'embrasement les débris de leur mobilier, les autres de combattre le fléau.

Cependant deux hommes, sortis d'un souterrain ouvrant sur la plaine et communiquant à la maison de Pillou, s'échappaient, à la faveur du tumulte, dans la direction de la montagne. Ces deux hommes étaient armés de fusils ; ils marchaient côte à côte, d'un pas rapide, et sans regarder derrière eux.

C'étaient, on le devine, Pillou lui-même, et Nathan.

—Parbleu ! dit Nathan, c'est une bonne idée que tu as eue là, compère. Ce feu de la Saint-Jean les occupe, et ils nous laissent aller tranquillement. C'est notre passe-port. Mais nous aurions encore mieux fait de ne pas revenir au pays. Ça brûle.

—Qu'il brûle ! répondit l'usurier. Le feu purifie

tout. Nous ne pouvions pas abandonner notre banque, que ce brigand de Malot aurait dénoncée, ajouta-t-il.

Les cris des villageois et la lueur de l'incendie les poussaient en avant. Ils précipitaient leur marche, aiguillonnés par ces cris, comme le cheval par les coups d'éperon du cavalier.

—Ne pouvant emporter le camarade, nous avons eu tort de ne pas le détruire, reprit Pillou d'un ton sombre. Il était sûr qu'il nous trahirait. Il n'y a que les morts qui ne trahissent pas.

Malot avait été pris dans une dernière expédition de contrebande. Un des gardes-frontière avait prétendu le reconnaître comme un des assassins de M. Dragon.

—Sans doute, répondit Nathan à Pillou ; mais l'emporter n'était pas facile, lui blessé, nous poursuivis. Avec cela qu'il est lourd comme un remords, ce Malot.

Ils escaladaient la rampe de la montagne. Au détour d'un sentier, Pillou jeta un coup d'œil sur le chemin qu'ils venaient de parcourir.

Plusieurs soldats s'étaient élancés à leur poursuite. L'usurier les aperçut à une demi-portée de fusil, s'arrêta, se retourna, et les mit en joue. Un coup de feu partit, mais trois détonations lui répondirent... Nathan poussa une affreuse imprécation de douleur ; une balle lui avait traversé la jambe. Il chancelait sur ses pieds ; Pillou le soutint, et l'aida à marcher pendant quelques moments.

—Par tous les diables de l'enfer, marche ! lui cria-t-il. Si tu étais pris, tu ferais comme le camarade, tu nous trahirais !

—Non, répondit le blessé d'une voix à demi éteinte, trahir, jamais ! Soutiens-moi... Ah ! je n'en puis plus !

Il s'affaisa sur lui-même.

Un éclair sinistre passa dans les yeux de Pillou. Il jeta un regard sur les soldats qui avançaient, puis sur Nathan étendu par terre. Il saisit ensuite le fusil du blessé ; celui-ci frissonna, mais Pillou dirigea le canon vers les soldats et fit feu.

—Allons, dit-il, je n'ai pas de chance. Enfer et tonnerre !...

A ces mots, lançant au loin le fusil avec rage, il releva Nathan, le prit dans ses bras et l'emporta. Nathan était petit et maigre, l'usurier avait une force d'Hercule. Ils atteignirent sans trop de peine la crête d'un coteau. Le blessé remerciait Pillou et l'encourageait par des promesses de dévouement. Il le suppliait de ne l'abandonner ni vivant ni mort aux mains des soldats.

Pillou ne répondait pas. Il marchait toujours.

Arrivé sur le sommet du coteau, il en descendit le versant avec rapidité. Ce même versant, Pierre l'avait parcouru, entraîné par le désespoir. L'usurier prit le sentier que Pierre avait suivi, et qui aboutissait, on s'en souvient, au puits de Rize. Nathan ne s'en aperçut pas d'abord. Mais bientôt il reconnut le voisinage du gouffre à la disposition des lieux.

—Où vas-tu ? où me conduis-tu ? s'écria-t-il en se roidissant.

—Ne crains rien, répondit Pillou. Tu ne tomberas pas aux mains des soldats,—ni vivant ni mort !

Il courut vers l'abîme. Mais le blessé, éperdu de terreur, lui porta les mains à la gorge, et s'y attacha avec tant de force qu'il l'obligea de le laisser échapper. Lui, ne lâcha pas prise. Ils tombèrent ensemble sur le sol.

Nathan avait noué ses mains au cou de l'usurier, et le serrait comme le boa serre sa proie. Pillou, à demi étranglé, lui défonçait la poitrine de coups de poing furieux. C'était une lutte horrible, une lutte de bêtes fauves.

Ils se roulaient l'un sur l'autre, au bord du puits ; Pillou, s'arc-boutant aux fragments de roches, cherchait à y précipiter son adversaire. Le blessé l'étreignait avec une roideur convulsive, les yeux clos, les lèvres fermées, sans souffle, il paraissait mort. Et Pillou, la sueur au front, faisait pour se détacher de ce cadavre des efforts surhumains.

Les soldats accoururent. Ils entourèrent les combattants, et dénouèrent, non sans peine, les mains de Nathan du cou de l'usurier. Pillou se releva, jeta un rapide coup d'œil autour de lui, et, se voyant prisonnier, il s'écria :

—Ni vivant, ni mort!

En même temps, il se précipita dans le gouffre, d'un mouvement si prompt et si inattendu que les soldats ne purent le retenir. La chute de son corps au fond de l'abîme ne produisit aucun bruit.

Le blessé avait perdu connaissance. On l'emporta.

La mort de Pillou et l'arrestation de ses complices mirent fin aux affreuses tribulations de la famille Bruno. La chance avait tourné.

De retour à Metz, Antoine apprit que le jugement qui condamnait Claude avait été cassé pour vice de formes. L'affaire fut renvoyée devant la cour de Nancy. Là, Nathan fit des aveux, à l'exemple de Malot. Ils accusèrent tous les deux l'usurier des meurtres du garde-frontière, de M. Dragon et de M. Chartrain, protestant n'avoir participé qu'à des expéditions de contrebande. La fin désespérée de Pillou donnait une grande vraisemblance à ces accusations.

Claude fut disculpé.

Les dépositions des deux bandits le déchargeaient du crime, les témoignages de Nicaise et de Germaine expliquaient sa conduite.

Il se produisit alors à son égard un revirement complet dans l'opinion. On admira la générosité de ce jeune homme, s'exposant à la mort, à une mort ignominieuse, plutôt que de compromettre la réputation d'une jeune fille.

Son acquittement fut un triomphe.

Malot et Nathan, s'accusant eux-mêmes de contrebande, se virent condamnés à l'emprisonnement.

XXIV

Conclusion.

M. Delaroche et Léonie avaient suivi les péripéties de cette affaire avec une ardente inquiétude.

Ils connaissaient l'acte de dévouement de Guillemette ayant tenté de faire évader son frère, et l'intervention d'Antoine empêchant l'évasion, par le respect dû aux décisions de la justice. L'éclatante justification de Claude, et la manifestation de ses généreuses qualités ne laissaient aucun prétexte à l'interruption des relations : elles furent renouées. M. Delaroche invita la famille Bruno à une fête de rapprochement.

Trois semaines plus tard, tout ce drame se termina par une double alliance entre les deux familles : les vœux d'Antoine et de Léonie, de Gustave et de Guillemette furent enfin comblés.

Claude, lui aussi, avait droit au bonheur ; il avait conquis ce droit par la souffrance et le sacrifice, comme toute chose bonne se conquiert en ce monde. Mais il dut attendre pour être heureux l'expiration du deuil de Germaine.

L'oncle Nicolas et le cousin Gaillard eurent également leur part de félicité. Bruno leur confia la régie des biens considérables formant la dot de Léonie. Las des soins d'ici-bas, ils perdirent sur le doux oreiller de cette royauté facile et bien rétribuée l'ambition des emplois publics. Pierre, chargé de l'administration de bois faisant partie de ces biens, put, de son côté, satisfaire ses goûts pour la chasse.

L'usine allait à merveille. Claude en prit la direction ; ce qui ne l'empêcha pas de réaliser pour la ferme les projets d'amélioration formés en prison. Il en fit un jardin édénique sur le modèle de celui de Grandpré. Mathurin et Madeleine purent y achever paisiblement le calme hiver de leur existence.

Il n'y eut pas jusqu'à la tante Gertrude qui n'obtînt un sujet de contentement. Elle vit son fils monter de la place de vicaire au bénéfice d'une cure. Bien qu'Antoine ne fût pour rien dans cette promotion, et le lui dît, elle l'en remercia néanmoins avec une obstination égale à celle qu'elle avait mise à l'accuser, peu de temps auparavant, de mauvais vouloir. Il est vrai que la digne femme, rêvant toujours bonnet d'évêque, tenait à faire oublier à son cher neveu la verdeur de ses emportements.

Bruno, rentré dans la magistrature, devint président de cour d'appel...

Quand il allait voir ses vieux parents, on causait ensemble des vicissitudes passées avec le sentiment de bonheur expansif qu'éprouvent les marins à s'entretenir des dangers courus pendant les tempêtes de leurs voyages.

Ces entretiens intimes se résumaient en des observations finales dont nous donnerons une variante.

—N'importe! disait l'oncle Nicolas, de plus habiles que nous auraient pu perdre la partie, car c'était le diable qui tenait les cartes!

—Et nous l'aurions perdue sans le cousin Antoine! ajoutait Gaillard.

—J'avais dit que mon fils Antoine nous tirerait d'affaires, répétait Mathurin avec conviction; il nous en a tirés!

—Et fièrement bien! s'écriait le brave Claude. Pendant que cette chère Guillemette ne songeait qu'à me conserver la vie, lui ne s'occupait que de me sauver l'honneur !

—C'est que je t'aimais avec mon cœur, répondait Guillemette, et qu'Antoine t'aimait avec son cœur et son esprit.

—Ah ! pour du cœur et de l'esprit, il en a, et l'a prouvé, répliquait Madeleine. Il a retiré sa famille de tous les embarras. Il a donné à ses frères des positions où il n'auraient jamais atteint, et à nous, ses père et mère, un repos que nous n'aurions jamais goûté.

—Quand mon affection pour vous n'eût pas inspiré ma conduite, le devoir m'ordonnait d'agir comme je l'ai fait, répondait Antoine. Cependant, j'aurais pu ne pas réussir !... Au milieu des rudes batailles de la vie, le devoir n'est pas toujours une arme invincible. De meilleurs que moi ont vu cette arme se briser dans leurs mains et ont succombé... Mais du moins, et même pour ceux-là, il reste, au fond du malheur, une satisfaction que le succès n'obtient pas toujours : celle d'avoir bravement et surtout loyalement combattu !

FIN.

TABLE DES CHAPITRES

Paris.—Imprimé chez Bonaventure et Ducessois
quai des Augustins, 55.

www.ingramcontent.com/pod-product-compliance
Ingram Content Group UK Ltd.
Pitfield, Milton Keynes, MK11 3LW, UK
UKHW022050260726
13993UKWH00001B/30

9 782019 908966